Gabriele Hecht

Neues Management für Wien

Liberale Konzepte für das nächste Jahrtausend

Liberales Forum Landtagsklub Wien
Friedrich Schmidt Platz 3
1080 Wien

Impressum:

Medieninhaber:	Liberales Forum Landtagsklub Wien 1082 Wien, Friedrich Schmidt Platz 3 Tel 4000/81555 www.lifwien.at Druck: Rema Print Wien 1998

Inhaltsverzeichnis

Einleitung

Die jüngst veröffentlichten Wirtschaftsdaten offenbaren die Auswirkungen der bisherigen verfehlten Wirtschaftspolitik der Stadt Wien: Wien erreicht nicht nur mit über 70.000 Arbeitslosen einen neuen Rekord an Beschäftigungslosigkeit, auch die weitere Entwicklung wird als negativ bezeichnet.

Wien hat den Strukturwandel verschlafen und bekommt nun die Rechnung für Versäumnisse der Vergangenheit präsentiert.

Konnte man sich bis zu Beginn der 90er Jahre noch durch eine Erhöhung der Beschäftigten im öffentlichen Dienst oder durch öffentliche Beschäftigungsimpulse, die mit steigenden Budgetdefiziten finanziert wurden, über die Strukturschwächen der Wiener Wirtschaft hinwegschwindeln, so treten sie heute voll zutage.

Der Aufnahmestopp im öffentlichen Dienst des Bundes wirkt sich ebenso aus wie die durch die Maastricht-Kriterien eingekehrte Budgetdisziplin. Und die Fehler der Wiener Budgetpolitik der letzten Jahre wirken nach. Wien wollte den ohnehin bescheidenen Personaleinsparungen des Bundes nicht folgen und kämpft heute mit explodierenden Personalkosten, die bereits ein Drittel des gesamten Jahresbudgets aufbrauchen. Der Gestaltungsspielraum für Konjunkturmaßnahmen hat sich gegen Null entwickelt, die Investitionen haben einen bedenklichen Rückgang erfahren.

Dabei könnten wir so optimistisch in die Zukunft blicken. Von den USA geht eine Wachstumsdynamik aus, die bereits Europa erfaßt hat und von der vor allem österreichische Zulieferer profitieren können. Im Osten erschließt sich uns ein Wachstumsmarkt mit 400 Millionen Konsumenten. Wien liegt im Zentrum dieses riesigen Wirtschaftsraumes. Lebensqualität, Kultur und gut ausgebildete Arbeitskräfte sind Standortvorteile, die Wien als Wirtschaftsstandort attraktiv machen.

Daß der osteuropäische Raum dennoch immer öfter entweder von den westlichen Zentralen aus oder von Niederlassungen in Prag und Budapest aus bearbeitet wird, liegt vor allem an den hohen Arbeitskosten, an bürokratischen Hürden, an den Schwierigkeiten, Arbeitsbewilligungen für Auszubildende aus den Oststaaten zu erhalten und an steuerlicher Rechtsunsicherheit, da Österreich in den vergangenen

Jahren oft durch rückwirkende steuerliche Maßnahmen von sich reden gemacht hat. Aber auch die Wienerinnen und Wiener schätzen ihre Heimatstadt nicht gerade als guten Boden für Unternehmertum. Die Selbständigenquote liegt mit 6,8% ungefähr bei der Hälfte des OECD-Durchschnitts. Weit über 50% der Studienabgänger streben eine Anstellung im öffentlichen Dienst an.

Seit zwei Jahren spricht die Regierung davon, daß wir eine Gründerwelle brauchen. Im selben Zeitraum wurden durch die Werkvertragsregelung viele unternehmerische Initiativen im Keim erstickt, wurden den Betrieben durch die Krankenscheingebühr neue bürokratische Aufgaben aufgebürdet, wurden die Arbeitgeberabgaben zur Sozialversicherung stillschweigend erhöht. Im selben Zeitraum wurde eine Reform bei den Beamten abgewürgt und den Unternehmen die steuerliche Berücksichtigung ihrer Vorjahresverluste verwehrt.

Auch Berichte von Unternehmensgründungen, die ein halbes Jahr dauern und von Betriebsanlagengenehmigungen, auf die man 13 Monate warten muß, erhöhen nicht die Lust, in Wien ein Unternehmen zu gründen. Dabei schafft ein neu gegründeter Betrieb im Schnitt drei Arbeitsplätze, nach fünf Jahren sind es im Durchschnitt sieben.

Liberale Politik ist darauf ausgerichtet, ein Umfeld zu schaffen, in dem ein neuer Unternehmergeist entstehen und sich entfalten kann. Wir wollen ein Umfeld schaffen, in dem Menschen von sich aus initiativ werden. Dies beginnt bei der Ausbildung, geht über ein Serviceangebot und Hilfestellung bei der Betriebsgründung und reicht bis zu steuerlichen Entlastungen und adäquaten sozialen Grundsicherheiten auch für Selbständige. Hier sind insbesondere die Frauen betroffen, die Wochenhilfe und Karenzgeld im wesentlichen nur dann kennen, wenn sie als unselbständig Beschäftigte Mutterfreuden entgegensehen.

Kommunalpolitik kann zur Gestaltung des Umfelds viel beitragen. Vor allem muß die Gemeinde Wien die notwendigen infrastrukturellen Grundlagen schaffen, die für einen internationalen Wirtschaftsstandort unabdingbar sind. Hierzu gehören Anschlußwege an die transeuropäischen Verkehrsnetze ebenso wie Forschungszentren und Industriecluster.

Kommunalpolitik muß jedenfalls mehr leisten als ein paar Förderungsmodelle und öffentliche Aufträge. Auch die Gestaltung der kommunalen Einnahmen hat viel mit Standortpolitik zu tun. Wenn man nur auf die Endsumme schielt und sich umso mehr freut, je höher diese ist, wird man vielleicht kurzfristig glücklich sein. Wenn man berücksichtigt, daß ein Großteil der kommunalen Einnahmen aus einer Belastung der Arbeitskosten kommt, daß ein weiterer wesentlicher Einnahmenanteil aus Werbesteuern kommt, die Markenartikelhersteller und Werbewirtschaft aus Wien vertreiben, freut man sich vielleicht schon weniger und beginnt, die negativen Wirkungen dieser Steuern den Einnahmen gegenüberzustellen.

Mit all den angesprochenen Bereichen haben sich die Wiener Liberalen intensiv auseinandergesetzt und Konzepte entwickelt, die Wien zu einem im internationalen Wettbewerb konkurrenzfähigen, attraktiven Wirtschaftsstandort machen können. Unser Ziel ist, durch die Schaffung von sicheren, produktiven Arbeitsplätzen eine langfristige Trendumkehr auf dem Arbeitsmarkt zu erreichen, Jugendlichen eine positive Zukunftsperspektive zu bieten und Frauen eine gleichberechtigte Stellung im Wirtschaftsleben zu gewährleisten.

An dieser Stelle gilt mein Dank meinen Kolleginnen und Kollegen im Wiener Landtag und Gemeinderat, den Abgeordneten Mag. Alexandra Bolena, Mag. Michaela Hack, Dr. Wolfgang Alkier, Hanno Pöschl und Marco Smoliner. In gemeinsamer Arbeit haben wir die Stärken und Schwächen des Wirtschaftstandortes Wien analysiert und Lösungsansätze aus den jeweiligen Fachbereichen zu einem Gesamtkonzept vereint.

Mein Dank geht auch an die Mitarbeiterinnen und Mitarbeiter des Landtagsklubs, die in großartiger Teamarbeit ihre Dynamik und fachliche Kompetenz bewiesen haben. Gemeinsam ist es uns gelungen, innerhalb kürzester Zeit dieses Gesamtkonzept auch in schriftlicher Form zu Papier zu bringen und ich freue mich, es hiermit präsentieren zu können.

Im Zuge der Arbeit wurde jedenfalls eines deutlich: Soll Wien ein wettbewerbsfähiger Wirtschaftsstandort im Konkurrenzkampf der Metropolen werden, dann genügen keine kosmetischen Einzelmaßnahmen. Wir brauchen eine umfassende Modernisierung im Rahmen eines gesamten neuen politischen Ansatzes, wir brauchen weniger Verwaltung, wir brauchen ein neues Management für Wien!

Gabriele Hecht

1. Weniger Staat – weniger Steuern

1.1. Liberale Steuerreform Wien 2001

Was ist das Problem?

?

In den letzten Jahren haben sich die Rahmenbedingungen für die österreichische Wirtschaft fundamental verändert. Der **technologische Fortschritt,** die Telekommunikation, weltweite Vernetzung von Datenbanken haben die nationalen Grenzen in der Wirtschaft gesprengt, wir sprechen von einer **Globalisierung** der Wirtschaft und der Gesellschaft.

Der Beitritt Österreichs zur **Europäischen Union** war ein wichtiger Schritt für unser Land, um an dieser Entwicklung in Europa partizipieren zu können und nicht abseits zu stehen. Wir haben gute Chancen im internationalen Wettbewerb, wir müssen uns aber auch den damit verbundenen Anforderungen wie dem stärkeren internationalen Wettbewerb, dem Wettlauf um bessere Technologien und dem **Standortwettbewerb** großer Wirtschaftsmetropolen stellen.

Neben der Schaffung von Infrastruktur und der notwendigen Rahmenbedingungen in den Bereichen Ausbildung, Forschung und Entwicklung sowie Administration ist die **Gestaltung des Steuerrechts** eine zentrale wirtschaftspolitische Steuerungsfunktion eines Staates.

Gerade in diesem Bereich ist aber die Politik sehr oft geneigt, eher auf das Füllen der Kassen als auf die wirtschaftspolitischen Auswirkungen der Besteuerung zu achten. In Österreich ist **Sparsamkeit** im Umgang mit Steuergeldern nach wie vor ein Fremdwort. Der Staat braucht im Rahmen seiner Aufgabe der gerechten Umverteilung mehr Geld für die Erhaltung des eigenen Apparates als er wieder an die Bedürftigen weitergibt.

Österreich gehört, wie eine Studie des Schweizer Unternehmensberaters Egon Zehnder International belegt, zu den **Spitzensteuerländern innerhalb der OECD.** In den letzten Jahren wies die Abgabenquote eine stetig steigende Tendenz auf.

Laut IHS betrugen die Steuern und Abgaben im Jahr 1996 noch 44,2% des Bruttoinlandprodukts, im Jahr 1997 bereits 44,8% und im Jahr 1998 wird die **Abgabenquote** die 45%-Marke überschreiten.

Besonders stark ist in den letzten Jahren die **Belastung des Faktors Arbeit** gestiegen. Durch die Progression einerseits und durch stetig steigende Sozialversicherungsabgaben ist die Belastung der Arbeit praktisch um einen Prozentpunkt pro Jahr gestiegen.

Unternehmen, die im internationalen Wettbewerb bestehen wollen, sind gezwungen, ihre **Produktivität** zu steigern. Dies ist in den meisten Fällen am besten durch Einsparungen beim Faktor menschliche Arbeitskraft möglich, da dieser durch Steuern und Abgaben stark verteuert ist. In Österreich wird die Schere zwischen dem Betrag, den ein Beschäftigter ausbezahlt bekommt, und dem Betrag, den er das Unternehmen kostet, immer größer. Bereits im untersten Einkommensbereich macht der Nettolohn nur rund die Hälfte der Lohnkosten aus.

Trotz der ohnehin schon großen steuerlichen Belastung kommen Staat, Länder und Gemeinden mit ihren Einnahmen nicht aus. **Effizienter Mitteleinsatz** stand nie zur Diskussion, stattdessen war das Rezept bisher das Schuldenmachen.

Die Erfüllung der **Maastricht-Kriterien** und die Teilnahme an der Währungsunion beschränken die öffentlichen Budgets mit festgelegten Limits hinsichtlich der öffentlichen Verschuldung. Dies gilt sowohl für den Bund als auch für Länder und Gemeinden. Nun wird bei den für den internationalen Wettbewerb so wichtigen notwendigen Infrastrukturinvestitionen gespart.

Die bestehende **Wiener Budgetstruktur** drückt keinerlei neuen Gestaltungswillen aus, noch sind echte Reformansätze zu entdecken. Die Ausgabenstruktur weist immer noch einen Anteil von einem Drittel für Personalausgaben und sinkende Investitionensausgaben auf. Der Spielraum für wirtschaftspolitische Maßnahmen entwickelt sich gegen Null. Der Trend der steigenden Aufwendungen für Personal wurde immer noch nicht gebrochen. Ansätze für eine Änderung sind nicht nur nicht in Sicht, jeder Versuch einer Reform wird massiv blockiert.

Den vielen Aufgaben der Gemeinde Wien steht eine **veraltete Einnahmenstruktur** gegenüber, die sich dadurch charakterisiert, daß die negativen Auswirkungen auf Wirtschaft, Kultur und Bürger nicht berücksichtigt werden.

Rund die Hälfte des Gesamtaufkommens an eigenen Steuern und Abgaben, nämlich rd. 6 Mrd. Schilling [rd. 432 Mio. Euro] werden durch die **Kommunalsteuer** aufgebracht. Diese wirkt eindeutig als zusätzliche Belastung des Faktors Arbeit, genauso wie die Dienstgeberabgabe (U-Bahnsteuer).

Das Gesamtaufkommen aus **eigenen Steuern und Abgaben** deckt jedoch insgesamt nur 11% des gesamten Ausgabenvolumens der Stadt Wien. Es kann daher nicht davon gesprochen werden, daß die eigenen Abgaben primär der Finanzierung des Gemeindehaushalts dienen. Die eigene Abgabenhoheit einer Gemeinde soll primär genutzt werden, um durch die Art und die Höhe der Besteuerung erwünschte **Lenkungswirkungen** zu erzielen. Die wichtigste Wiener Kommunalabgabe, die Kommunalsteuer, aber auch Abgaben wie die Vergnügungssteuer oder die Ankündigungsabgabe erzielen unerwünschte Lenkungswirkungen, die wieder Fördermaßnahmen aus öffentlichen Mitteln erforderlich machen.

Die Mittel aus dem **Finanzausgleich** - die Länder- und Gemeindeanteile von Bundeseinnahmen - sind die ertragreichste Einnahmequelle Wiens. In den letzten Jahren konnte Wien erheblichen Mehreinnahmen aus dieser Quelle lukrieren. Die Mittel dieser profitablen Einnahmenquelle stammen jedoch aus dem Sparpaket des Bundes, das vor allem zu Lasten junger ArbeitnehmerInnen, Frauen, PensionistInnen und der sozial Schwächsten ging.

Was hat sich international bewährt?

Neuseeland:
Vor dem Reformprozeß galt Neuseeland als eines der meistregulierten Länder der Welt. Der Protektionismus und die bestehende Mißwirtschaft vor allem in staatlichen Betrieben führten zu einem äußerst niedrigen Bruttosozialprodukt und die entstandenen Staatsschulden drohten das Land völlig lahm zu legen. Ab dem Jahr 1984 wurde ein wirtschaftlicher Reformprozeß in Gang gesetzt. Dessen Grundgedanke war die Liberalisierung der Wirtschaft mittels besserer Nutzung der Marktkräfte, verbunden mit einem mittelfristigen Schwerpunkt auf Steuer- und Währungspolitik.

Das Ziel der Steuerreform war die Schaffung eines transparenten Steuersystems, das Gerechtigkeit und Vertrauen in den Staat entstehen lassen sollte. Die Regierung vereinfachte das gesamte Steuerwesen, indem der Spitzensteuersatz gesenkt wurde (von 66% auf 33%), aber keinerlei Sonderregelungen oder Abzüge mehr möglich waren. Als besondere Serviceleistung kann sich heute jeder Steuerzahler die Steuer direkt vom Finanzministerium berechnen lassen - via Internet.

Neuseeland hat einen international bewunderten Aufschwung genommen, den Staatshaushalt saniert und Budgetüberschüsse erwirtschaftet.

1.1.1. Bundesweite Rahmenbedingungen

Die Steuerpolitik ist ein zentrales Instrument der Wirtschafts- und Standortpolitik. Sie ist das taugliche Mittel, um gewünschte Lenkungseffekte für Wirtschaft und Umwelt zu erzielen.

Da die Gemeindefinanzen zu fast 90% aus Anteilen an Bundesabgaben gespeist werden, ist eine Diskussion einer Wiener Abgabenreform ohne Bezug zur Bundesebene nicht möglich. Einige wesentliche Weichenstellungen in der Steuerpolitik des Bundes sind Voraussetzung für steuerliche Maßnahmen in Wien.

Eine Steuerreform muß eine **Entlastung des Faktors Arbeit** bringen. Neben einer Senkung der Lohnnebenkosten ist eine Reduktion der Steuersätze bei der Einkommensteuer erforderlich. Da eine Besteuerung von Finanzgewinnen nur im internationalen Gleichklang spürbar verstärkt werden kann, muß der Steuerausfall aus der Senkung der Arbeits-Steuern durch eine höhere Besteuerung von knappen Ressourcen, vor allem aber durch eine **Reduzierung der Staatsausgaben** kompensiert werden.

Die **Steuerbelastung des Einkommens** durch direkte Steuern muß gesenkt werden. Sowohl der Spitzensteuersatz als auch die Steuersätze im mittleren Einkommensbereich müssen gesenkt werden. Im unteren Einkommensbereich muß ein breiteres steuerfreies Band (bis ca. S 15.000,- [1.081,- Euro] pro Monat) eingeführt werden. Da sich der Geldwert von Jahr zu Jahr durch die Inflation vermindert, die Steuerklassen aber gleichbleiben, steigt der Steuersatz von Jahr zu Jahr, obwohl das Realeinkommen gleich bleibt. Um diese schleichende Steuererhöhung zu vermeiden, müssen die Tarifstufen der Einkommensteuer jährlich an den Geldwert angepaßt, also indexiert werden.

Für Unternehmen im globalen Wettbewerb ist eine gute Kapitalausstattung unverzichtbar. Die Begünstigung der **Bildung von Eigenkapital** durch eine fiktive Verzinsung des Eigenkapitals und deren steuerliche Berücksichtigung als Betriebsausgabe wäre ein wichtiger Impuls für die Stärkung der heimischen Wirtschaft.

Neben einer Steuerreform muß auch das Sozialversicherungssystem einer grundlegenden Reform unterzogen werden. Das Recht auf existentielle Absicherung soll in langfristiger Perspektive in Form einer **bedarfsorientierten allgemeinen Grundsicherung** von Beitragsleistungen entkoppelt werden. Teile der Sozialversicherungsbeiträge, die in keiner Weise mehr dem Versicherungsprinzip entsprechen, sind jetzt schon in Wirklichkeit Steuern und sollen als solche bezeichnet und in das

Steuersystem übergeführt werden. Jene Teile der Sozialversicherung, die tatsächlich einer Versicherung entsprechen, sind nicht länger an das Arbeitseinkommen zu binden. Die Pflichtversicherung, die je nach Beruf, Dienstgeber und Bundesland einen bestimmten Sozialversicherungsträger zwangsweise verordnet, ist durch eine **allgemeine Versicherungspflicht** (ähnlich der Regelung der KFZ-Haftpflicht) zu ersetzen. Die Sozialversicherungsträger sind zu reformieren, aufgeblähte teure Verwaltungsapparate abzubauen.

1.1.2. Weniger ist mehr - Wiener Steuerpolitik als gezielte Standortpolitik

Jene Wiener **Steuern und Abgaben,** die unerwünschte Lenkungswirkungen haben, sind abzuschaffen, so zum Beispiel die

- **Kommunalsteuer,** die den Faktor Arbeit belastet und damit Arbeitsplätze gefährdet. Die Wiener
- **Werbesteuern (Ankündigungsabgabe und Anzeigenabgabe)** belasten vor allem die Werbewirtschaft und Markenartikelerzeuger und bewirken eine durch Steuerflucht veranlaßte Abwanderung von Unternehmen aus Wien. Die Besteuerung von bestimmten kulturellen Veranstaltungen mit
- **Vergnügungssteuer** verhindert viele touristische und kulturelle Veranstaltungen bzw. macht deren entsprechend höhere Subventionierung durch das Kulturressort der Stadt Wien notwendig. Die
- **Getränkesteuer** belastet die Wiener Hotelerie und das Gastgewerbe und schafft einen Wettbewerbsnachteil im internationalen Tourismus.

Im Sinne einer effizienten Verwaltung und einer sinnvollen Einnahmengestaltung sind **jene Steuern und Abgaben abzuschaffen,** deren Aufkommen unbeträchtlich ist bzw. deren Verwaltungsaufwand bei Steuerpflichtigen und Behörde das Aufkommen sogar übertrifft und die keine gezielte Lenkungswirkung entfalten.

Beispiele: Sportgroschen, Versteigerungsabgabe

Durch **Abschaffung der Grundsteuer** und Einführung einer **Bodenwertabgabe** soll die Besteuerung einer knappen Ressource wie Grund und Boden als Lenkungsinstrument eingesetzt werden. Die Bodenwertabgabe nimmt im Gegensatz zur Grundsteuer sowohl auf die unterschiedliche Nutzung als auch auf die widmungsgemäße Verwendung Rücksicht. Im Gegensatz zur Grundsteuer, die bei einer - wie von Regierungsseite geplanten - Erhöhung vor allem zu einer massiven Erhöhung der Wohnkosten für alle führen würde, werden bei der Einführung der Bodenwertabgabe vorwiegend unbebaute, als Bauland gewidmete Grundstücke höher besteuert.

Im Rahmen der Abgabenvereinfachung muß auf - für Verwaltung und Steuerpflichtige - **effiziente Modalitäten der Abgabeneinhebung** umgestellt werden. (Negativbeispiele: Dienstgeberabgabe, Stempelmarken).

Kostenwahrheit bei kommunalen Leistungen und Aufgaben ist ein Anspruch, der eng mit der Reform der Verwaltung zu einem leistungsfähigen Dienstleistungsunternehmen verknüpft ist. Dann jedoch spielen die Kostenersätze für kommunale Leistungen eine stärkere Rolle, z.B. im Bereich der Wasserversorgung und der Abwasserbeseitigung, aber auch bei Gebühren für Amtshandlungen, die heute nach Bögen und Beilagen berechnet werden. Dabei ist auf die sozialen Komponente Rücksicht zu nehmen. Leistungen der Hoheitsverwaltung wie Ausstellung von Pässen und Staatsbürgerschaftsnachweisen sollen gratis sein.

1.1.3. Zielgerichteter Einsatz der Steuereinnahmen

Ein wesentlicher Punkt im Rahmen der Steuerreform ist die **Einsparung auf der Ausgabenseite.** Dazu ist es notwendig, die derzeitigen Aufgaben des Staates einer kritischen Beurteilung zu unterziehen und im Zuge dessen eine **Gesamtaufgabenreform** durchzuführen. Die öffentliche Verwaltung ist kein Selbstzweck, Leistungen, die privat besser und effizienter erbracht werden können, sind auszulagern.

Moderne **Kosten- und Leistungsrechnung** ist auch innerhalb des Magistrats anwendbar, ein leistungsgerechtes motivierendes Dienstrecht, das auf Kompetenz und Eigenverantwortung aufbaut, auch im öffentlichen Dienst möglich. Davon ist derzeit freilich keine Rede. Wien mit seinen 60.000 Bediensteten in der Verwaltung ist eine wahre Hochburg der Bürokratie. Derzeit steigen die Ausgaben für das Personal jährlich um rund 2,2%. Bei Einfrieren der Kosten auf dem bisherigen Stand können innerhalb von 10 Jahren rund 7 Mrd. Schilling [rd. 504 Mio. Euro] eingespart werden. Wenn statt der jährlichen Erhöhung eine Einsparung von nur 1% vorgenommen wird, beträgt das vergleichbare Einsparungspotential rd 10 Mrd. Schilling [rd. 720 Mio. Euro], bei einer Einsparung von 2,2% sogar 14 Mrd. [rd. 1 Mrd. Euro] Schilling.

Bei Diskussion einer Reform der Wiener Abgaben darf nicht außer Acht gelassen werden, daß Wien nur einen Anteil von nicht einmal 10% seiner Gesamtausgaben durch eigene Steuern finanziert. Der Großteil der Wiener Einnahmen stammt aus dem Finanzausgleich. Wenn wir daher von einer **ökologischen Steuerreform** und einer Entlastung des Faktors Arbeit sprechen, so muß der Entfall der Gemeindeabgabe Kommunalsteuer durch eine **Neuregelung des Finanzausgleichs** kompensiert werden, da die zusätzlichen Einnahmen aus der Besteuerung von Ressourcen zunächst dem Bund zufließen. Um Gemeinden den Anreiz zur Ansiedlung von Betrieben nicht dadurch zu nehmen, daß die Höhe der Gemeindeeinnahmen von der Anzahl der Beschäftigten losgelöst wird, soll die Verteilung der Einnahmen aus der Ressourcenbesteuerung über einen Arbeitsplatzschlüssel erfolgen.

Was haben Sie davon? !

Durch eine Steuerreform, die Lohn- und Einkommensteuer und lohnabhängige Abgaben senkt, sinken die Arbeitskosten für die Unternehmen, aber gleichzeitig steigen die Nettolöhne. Die Menschen haben mehr Geld zur Verfügung, das wiederum für Konsum verwendet wird. Dadurch entsteht ein zusätzlicher Konjunkturanreiz, die Wirtschaft wird belebt, Arbeitplätze werden geschaffen. Durch die bessere Wirtschaftslage steigen automatisch auch die Einnahmen des Finanzministers, was einen Teil des Steuerausfalls durch die Steuersenkung wettmacht.

Eine gezielte Besteuerung von Ressourcen ist gleichzeitig eine Maßnahme im Rahmen der Marktwirtschaft, um das Ziel der Senkung der CO_2-Emissionen zu erreichen.

Aber nicht nur im Bereich der Ökologie können durch steuerliche Maßnahmen gewünschte Lenkungswirkungen erzielt werden. Die Stärkung der Eigenkapitalbasis der heimischen Wirtschaft bedeutet Stärkung im internationalen Wettbewerb und damit Sicherung von Arbeitsplätzen. Umgekehrt verhält es sich mit vielen Wiener Abgaben, die Unternehmen veranlassen, aus Wien abzuwandern bzw. internationale Unternehmen daran hindern, Wien als Standort zu wählen. Dadurch gehen nicht nur Arbeitsplätze, sondern auch Know how und Forschungskapazitäten verloren.

1.2. Schuldenfrei ins nächste Jahrtausend - liberale Budgetpolitik für Wien

Was ist das Problem? ?

Die Entwicklung des **Schuldenstandes der Gemeinde Wien** erfuhr in den letzten Jahren eine dramatische Steigerung. Betrug der Schuldenstand im Jahre 1993 noch

38 Mrd. Schilling [2,7 Mrd. Euro], so erreichte er 1997 einen Höchststand von 55,3 Mrd. Schilling [rd. 4 Mrd. Euro], das entspricht einer Steigerung von rund 45% in diesem Zeitraum.

Durch die stetig wachsende Schuldenlast der Gemeinde Wien steigen auch die jährlichen **Ausgaben für den Schuldendienst.** Für die über 55 Mrd. Schilling [rd. 4 Mrd. Euro] Schulden müssen pro Jahr 2,4 Mrd. Schilling [rd. 173 Mio. Euro] alleine an Zinsen bezahlt werden, der gesamte Schuldendienst machte 1997 9,5 Mrd. Schilling [rd. 684 Mio. Euro] aus. Diese Beträge sind besonders erschreckend, wenn man sie in Relation zu anderen Budgetwerten setzt: So braucht der Schuldendienst bereits 74% der gesamten Einnahmen aus eigenen Steuern und Abgaben der Gemeinde Wien (12,7 Mrd. Schilling [915 Mio. Euro]) auf. Die Zinsbelastung alleine ist so hoch wie das gesamte Kulturbudget Wiens (2,4 Mrd. Schilling [rd. 173 Mio. Euro]) bzw. fast dreimal so hoch wie das Budget für Wirtschaftsförderung im Jahr 1997 (855 Mio. Schilling [rd. 61,6 Mio Euro]).

• Was hat sich international bewährt?

Stadt Duisburg:
Die Stadt Duisburg litt seit Ende der 70er Jahre unter den Auswirkungen einer strukturellen Wirtschaftskrise. Im selben Zeitraum war die Kommune auch von einer permanenten Finanzkrise sowie von steigenden Schulden betroffen - verursacht durch dramatisch gesunkene Steuereinnahmen und explosionsartig steigende Sozialausgaben.

Aufgrund dieser sich zusehends verschärfenden Entwicklung wurden ab 1991 tiefgreifende Reformen eingeleitet. Die Schwerpunkte lagen auf der Umstellung auf Fachbereichsbudgets, verbunden mit einer Aufgabenanalyse, was zu Ausgabenkürzungen von 50 Mio. DM [25 Mio. Euro] führen sollte. Die Ausgaben der einzelnen Ressorts sollten auf den Finanzrahmen ausgerichtet werden, statt wie bisher umgekehrt, durch weitere Schuldenaufnahme die Finanzierung den Ausgaben anzupassen. Weitere Schritte wurden durch Privatisierungen und Ausgliederungen sowie durch eine Verwaltungsmodernisierung gesetzt, die auf Effizienzsteigerungen in der Verwaltung und bei kommunalen Dienstleistungen ausgerichtet war.

Um eine gute Umsetzung der Ziele zu sichern, wurden in 15 Fachbereichen strukturierte Controllingberichte auf der Basis qualifizierter und vereinfachter Kosten- und Leistungsrechnung sowie Betriebsstatistiken erstellt. Das Ziel dieser Überprüfung der Abläufe war der ressourcensparende Einsatz von Steuermitteln.

Als Resultat der Veränderungen zeigte sich eine höhere Kundenzufriedenheit mit den Diensten der Kommune und ein effizienterer Einsatz der Steuergelder. Dieser sichert, daß die benötigten Aufgaben und Dienste zu den geringst möglichen Kosten erstellt werden.

Neuseeland:
Die Reformen in Neuseeland zielten auf eine Leistungssteigerung und verstärkte Rechenschaftspflicht des öffentlichen Sektors ab. Die Schlüsselprinzipien der Reform hinsichtlich der Budgetpolitik waren die Einführung von strategischer Kontrolle der Verantwortlichen, klare Zielsetzungen, deren Erfüllung eindeutig überprüft werden konnte, sowie Dezentralisierung und Rechenschaftspflicht aller Abteilungen.

Im Zuge der Umgestaltung des öffentlichen Sektors wurde die Kosteneffizienz der im staatlichen Bereich produzierten Güter und Dienstleistungen erhöht sowie ihre Qualität für die BürgerInnen eindeutig verbessert.

Welche Lösungen bieten wir an?

Liberale Finanzpolitik zielt auf eine deutliche Reduktion der Schulden und auf ein ausgeglichenes Budget ab. Im Jahr 1997, das von einer guten konjunkturellen Situation und erhöhten Steuerleistungen der Bevölkerung geprägt war, wäre mit liberaler Budgetpolitik ein ausgeglichenes Budget durchaus realistisch gewesen. In solchen guten Jahren könnte durch Überschüsse der Schuldenstand abgebaut werden und eine Neuverschuldung auf solche Jahre beschränkt werden, in denen antizyklische Maßnahmen notwendig sind.

Hauptaufgabe einer **vorausschauenden Investitions- und Budgetpolitik** ist es, Lösungen für die zukünftige Entwicklung dieser Stadt zu erarbeiten und dies in einer Situation, die einerseits durch deutliche Budgetbeschränkungen, andererseits jedoch durch steigende Infrastrukturanforderungen gekennzeichnet ist.

Um ohne zusätzliche Schulden allen Aufgaben nachkommen zu können, muß in der **Verwaltung** auf **höchste Effizienz** geachtet werden.

Zielorientierte Budgetierung: Der Weg soll in Richtung eines Haushaltsplans gehen, in dem klare Ziele durch verbale Leistungsbeschreibungen, nicht nur wie jetzt durch Zahlenvorgaben, festgelegt werden. Dadurch ist die Erreichung der vorgegebenen Ziele im nachhinein viel besser überprüfbar. Aufgrund der knappen zur Verfügung stehenden finanziellen Mittel muß eine Zielabwägung vorgenommen werden, wobei jene Ziele ausgewählt werden, deren Erfüllung die höchste Priorität haben. Die Umsetzung obliegt eigenverantwortlichen Abteilungen der Verwaltung, die nach betriebswirtschaftlichen Grundsätzen arbeiten müssen.

Kosten- und Leistungsrechnung innerhalb der Verwaltung: Im derzeitigen System der Kameralistik und bei der bestehenden Organisationsstruktur ist die Leistungsfähigkeit der öffentlichen Verwaltung und Einrichtungen nur ungenügend zu beurteilen. Den „Produkten" des Magistrats können die Kosten der Verwaltung nicht wirklich zugeordnet werden. Deshalb bedarf es einer modernen Kosten- und Leistungsrechnung, die es erlaubt, die Leistungen der Verwaltung zu bewerten und einen betriebswirtschaftlichen Vergleich mit ähnlichen Branchen anzustellen.

Einsatz von effektiven **Controlling Instrumenten:** Hier geht es um eine Evaluierung der Aufgabenerfüllung im nachhinein, um den effizienten Einsatz der Mittel zu überprüfen. Aufgabe des Controlling ist einerseits das Aufzeigen der Auswirkungen von möglichen Entscheidungsalternativen der politischen Organe im vorhinein, andererseits die regelmäßige Kontrolle, wie sich die getroffenen Entscheidungen auf den Bedarf an finanziellen Mitteln und die Effizienz ihres Einsatzes tatsächlich auswirken. Gegebenenfalls sind vom Controller Maßnahmen auszuarbeiten, um Fehlentwicklungen zu korrigieren. Das Controlling wirkt somit in folgenden Bereichen: Führungsunterstützung, Ziel- und Maßnahmenplanung, Ressourcenplanung, Ausführung, Soll-Ist-Vergleich und Berichterstattung.

Schaffung von **eigenständigen Verwaltungsbereichen** mit autonomer Ressourcenverantwortung (inkl. Anreizsysteme für das Management). Dazu ist es notwendig, leistungsorientierte Dienstverhältnisse und eine entsprechende Personalentwicklung zu ermöglichen.

! Was haben Sie davon?

Wenn die Stadt Wien verschuldet ist, dann sind es die Wienerinnen und Wiener, die für diese Schulden haften und die mit ihren Steuergeldern die Zinsen und Tilgungsraten zahlen müssen. Davon haben sie aber nichts, im Gegenteil, wenn hier oder da das Geld für die Reparatur der Spielgeräte eines Kinderspielplatzes oder für den autonomen Frauennotruf fehlt, dann wird uns bewußt, wie sehr jeder einzelne Schilling abgeht, der unnütz vergeudet wird.

Die Beschränkung der Neuverschuldung ist EU-weit vereinbart worden, weil erkannt wurde, daß Volkswirtschaften, Länder und Gemeinden auf Dauer ihren Wohlstand nicht halten können, wenn sie haltlos Schulden anhäufen, unter denen die nächste Generation noch leidet. Die Maastricht-Kriterien stellen eine zulässige Obergrenze dar, weil innerhalb vieler Staaten ein gemeinsamer Nenner gefunden werden mußte.

Wenn es aufgrund guter Konjunktur und hoher Steuereinnahmen möglich ist, diesen Grenzwert zu unterschreiten, dann gebietet es die Verantwortung, dies auch zu tun.

Wir bewegen uns ja auch bei Schadstoffgrenzwerten nicht ständig am Rande der zulässigen Höchstgrenze. Wir wollen nicht nur nicht krank werden, wir wollen so fit und gesund wie möglich sein. Dasselbe gilt für die Stadtfinanzen. Wenn wir die Verschuldungsgrenze überschreiten, sind wir in der Krise. Je mehr wir sie unterschreiten, umso stärker ist unsere Position und umso besser sind wir für unvorhergesehene Schwierigkeiten gerüstet. Wir wissen, wenn es kritisch wird, haben wir genügend Spielraum für arbeitsplatzwirksame Maßnahmen.

1.3. Neue Wege in der Finanzpolitik: moderne Finanzierungsformen - Öffentliche Hand und Private als Partner verstehen

Was ist das Problem?

?

Eine Analyse des Finanz- und Investitionsplanes der Gemeinde Wien, durchgeführt vom Wirtschaftsforschungsinstitut, zeigt die Entwicklung für die nächsten Jahre auf. So sind noch für das Jahr 1997 für bauliche **Investitionen** 9,7 Mrd. Schilling [rd. 700 Mio. Euro] angesetzt, die weitere Entwicklung in den Folgejahren weist jedoch einen Rückgang auf knappe 2 Mrd. Schilling [rd. 144 Mio. Euro] im Jahr 2001 auf. Diese Tendenz entspricht einem jährlichen Rückgang der Investitionen von 30% und bedeutet, daß im Jahr 2001 das Investitionsniveau nur noch bedenkliche 17% des nominellen Niveaus von 1995 erreichen wird.

Doch selbst dieses geplante Investitionsniveau ist nach den Berechnungen des Finanzplans unter Zugrundelegung der derzeitigen Budgettrends nicht gesichert. Betroffenen von diesem eingeengten finanziellen Spielraum der Gemeinde Wien sind in erster Linie die Neuinvestitionen, während die Mittel für Instandhaltung relativ stabil bleiben. Doch gerade für den **Aufbau einer modernen Infrastruktur** sind Investitionen im Bereich des Verkehrsnetzes, der Umwelttechnik, der Abfallentsorgung und der Altlastensanierung sowie für die Verbesserung des Wohnumfeldes unbedingt erforderlich. Zusätzlicher Bedarf an Investitionen ergibt sich auch aus neuen Basisinnovationen etwa im Bereich Telekommunikation (Glasfaserverkabelung).

Der Mangel an zukunftsorientierter öffentlicher Infrastruktur wird oft erst mit erheblicher zeitlicher Verzögerung negativ für eine Stadt spürbar. So läßt sich dann im internationalen **Standortvergleich** ersehen, ob Maßnahmen zum Ausbau der Infrastruktur zeitgerecht ergriffen wurden. Denn die Ausstattung mit zukunftsweisender Infrastruktur ist von entscheidender Bedeutung für die weitere wirtschaftliche Entwicklung einer Metropole.

Vor diesem Hintergrund sind innovative Finanzdienstleistungen gefragt, um den Anforderungen der Zukunft hinsichtlich des Ausbaus der Infrastruktur zu entsprechen.

* Welche Lösungen bieten wir an?

Die Liberalen sprechen sich ganz konkret für die verstärkte Einbeziehung von Privatkapital in die Finanzierung von Infrastrukturmaßnahmen aus. Diese neue Form der Einbeziehung von privaten Investoren - auf der Angebotsseite - eröffnet die Möglichkeit, steuermittelschonend ein Mehr an Investitionen zu gewährleisten.

Aus diesem Grund müssen neue Finanzierungsformen verstärkt zum Einsatz kommen:

- Public-Private-Partnership Modelle
- Leasing Modelle
- Contracting Modelle

1.3.1. Public-Private-Partnership Modelle

Das sind **gemischtwirtschaftliche Kooperationsformen** der öffentlichen Hand mit privaten Unternehmen, um bestimmte Teile urbaner Infrastruktur zu finanzieren oder auch die Entwicklung eines Stadtteils gemeinsam vorzunehmen.

Beide Partner bringen Kapital in die Gesellschaft ein; in einigen Projekten kommt als Beitrag der öffentlichen Hand auch ausschließlich die Einbringung von Flächen und Entwicklungserlaubnis zum Tragen.

Die Gesellschaft ist für Finanzierung, Planung, Errichtung und/oder Betrieb der Infrastruktureinrichtung eigenständig verantwortlich. Die Verteilung des Risikos wird individuell ausgehandelt und richtet sich nach dem erzielbaren Ertrag des Projektes.

Beispiele für PPP: Wasserversorgung, Verkehrsstrukturen, Entwickeln von neuen Stadtteilen, Neubau von Bädern, Freizeiteinrichtungen, Technologie- und Forschungszentren, Kanalbau und Abwasserkläranlagen (v.a. in Frankreich)

1.3.2. Leasing Modelle

Die Möglichkeit des Leasings ist auch für Gemeinden mittlerweile eine anerkannte Finanzierungsform. 1996 betrug das Volumen des Kommunalleasings bereits rund 2,3 Mrd. Schilling [rd. 166 Mio. Euro] in Österreich. Die verstärkte Einbeziehung von Leasingmodellen könnte auch in Wien dazu führen, daß Anschaffungen erleichtert und Infrastruktur bereitgestellt werden kann.

Leasing für Gebäudefinanzierung:

Bei diesem Modell leistet der Leasingnehmer, in diesem Fall die Gemeinde Wien, während einer bestimmten Laufzeit Miet- und Kautionszahlungen für ein Objekt, das mit privaten Mitteln errichtet wurde. Nach der vereinbarten Grundmietzeit kann die Gemeinde - in der Regel mit vorher angesparten Eigenmitteln - das Gebäude zum Restwert erwerben. Diese Form eignet sich für die Neuerrichtung bzw. Erweiterung von z.B. Verwaltungsgebäuden, Parkhäusern, Schwimmbädern, Kindertagesstätten, Krankenhäuser und Schulen.

Sale-and-lease-back-Verfahren:

Bei dieser Form steht die Möglichkeit im Vordergrund, gebundenes Vermögen einer Gemeinde flüssig zu machen (Liquiditätsbeschaffung). So können Finanzierungsengpässe bewältigt werden oder neue Investitionen finanzierbar gemacht werden. Hierbei verkauft die Kommune ein in ihrem Eigentum befindliches Objekt an eine Leasinggesellschaft. Das Leasingunternehmen verleast dieses Objekt anschließend an die Kommune, das heißt die Gemeinde kann weiterhin das Objekt nutzen, muß dafür jedoch Miete zahlen.

Leasingfinanzierung für Mobilien:

In einer modernen Stadtverwaltung ergibt sich für bestimmte Zeitspannen ein ganz unterschiedlicher Bedarf für mobile Investitionsgüter wie EDV-Systeme oder den städtischen Fuhrpark. Die Leasingfinanzierung bietet hier die Möglichkeit, die benötigten Objekte bedarfsorientiert exakt für die voraussichtlich benötigte Nutzungsdauer bereitzustellen. Während der Laufzeit sind Veränderungen des Bedarfs wie Zusatzinvestitionen problemlos in den bestehenden Leasingvertrag einzubauen. Dadurch können Kosten, die aus Nicht-Bedarf der Objekte entstehen, eingespart werden.

So hat z.B. die Stadt Zella-Mehlis (Landkreis Suhl) in Thüringen eine Variante des Sale-and-lease-back-Leasing für die Generalsanierung ihres Rathauses genutzt.

Damit die Investoren der Objektleasinggesellschaft Rathaus Zella-Mehlis steuerliche Vorteile, vor allem aus der Sonderabschreibung, nutzen konnten, mußte das wirtschaftliche und juristische Eigentum auf die Objektleasinggesellschaft übertragen werden.

Sie führte eigenverantwortlich, in enger Abstimmung mit der Stadt, die Sanierungs-, Modernisierungs- und Erweiterungsmaßnahmen durch. Nach weniger als 12 Monaten konnte das Rathaus zur langfristigen Vermietung (22,5 Jahre) an die Stadt übergeben werden.

Entscheidender Vorteil im Vergleich zur einfachen Miete ist, daß am Ende der Laufzeit die Stadt Zella-Mehlis ein grundbuchgesichertes Recht zum Ankauf der Immobilie zum linearen Restwert hat. Den Kaufoptionspreis zum Ende der Laufzeit spart die Stadt bereits während der Laufzeit durch ein Mietdarlehen an, um nach Ablauf der Vermietung das Objekt zum Restwert zurückkaufen zu können.

Die standardisierte Bauausführung der Büroflächen ermöglicht der Stadt - je nach Verwaltungsaufwand - auch einige Büroflächen an Dritte zu vermieten.
Weitere Beispiele für Bereiche, in denen Leasing eingesetzt werden kann:

- Entsorgung: Bioabfallkompostierungsanlagen, Müllverbrennungsanlagen, Kläranlagen, Wasseraufbereitungsanlagen und neu einzubringende Kanalnetze.
- Versorgung: Strom-, Gas-, Fernwärme-, Wassernetze, Kraftwerke

1.3.3. Contracting und Intracting Modelle

Da es in Wien bei Gebäuden einen erheblichen **energetischen Verbesserungsbedarf** gibt und die Finanzmittel begrenzt sind, bieten Finanzierungsmodelle wie Contracting für die Gemeinde Wien eine große Chance. Für sanierungswürdige Gebäude wird ein Contracting-Anbieter gesucht, der Kosten und Risiko für die Maßnahmen wie z.B. bauliche Wärmedämmung, Erneuerung des Heizsystems oder Einbau einer Solaranlage trägt. In den Folgejahren erhält er dann jene Beträge, die durch Energieeinsparungen erwirtschaftet werden.

Durch diese nachhaltige **Entlastung des Stadtbudgets** und den, durch die Sanierungen gegebenen Impuls für die Wirtschaft und den Arbeitsmarkt, können ohne kurzfristigen Kapitaleinsatz der öffentlichen Hand die Wohnqualität verbessert, der Umweltschutz erhöht und Arbeitsplätze gesichert werden.

Nicht nur seitens der Stadt Wien, sondern auch seitens der Wohnbauvereinigungen soll es möglich sein, mittels Contracting **Sanierungsmaßnahmen** durchzuführen, die für die Mieter und die Umwelt Entlastungen bringen. Voraussetzung dafür ist aber auch eine intensive Mieterbetreuung und -information. Um im Wohnbau Contracting anwenden zu können, wäre eine Anpassung entsprechender Bundesgesetze notwendig.

Über den Wohnbau hinaus können primär bei allen anderen im Eigentum oder in der Verwaltung der Stadt Wien stehenden Gebäuden eine Vielzahl an Sanierungsmaßnahmen durch Contracting finanziert werden. Nachdem in Wien die ersten Pilotprojekte erfolgreich angelaufen sind, soll möglichst rasch eine Ausweitung auf alle im Besitz oder in Verwaltung der Gemeinde Wien stehenden Gebäude erfolgen.

Durch die Bildung von **Gebäudepools** (40 bis 50 Gebäude), entsprechend dem Berliner Vorbild, können große Hauseigentümer wie die Gemeinde Wien oder Gemeinnützige Wohnbauvereinigungen Ausschreibungs- und Verhandlungskosten senken. In diesen Pools können auch solche Objekte mit saniert werden, die als Einzelobjekt für einen Contracting-Anbieter unattraktiv wären.

Bei manchen Objekten könnte die **Gemeinde Wien selbst als Contractor** agieren. Der Vorteil dieses Modells - genannt **Intracting** - wäre, daß die erwirtschafteten Gewinne bei der Gemeinde Wien blieben. Allerdings müßte in diesem Fall das Sanierungskapital auch selbst aufgebracht werden.

Um Intracting durchführen zu können, ist es zunächst notwendig, einen dementsprechend dotierten Fonds einzurichten. Das Geld könnte aus der Verschiebung von Budgetmittel für den Neubau zur Althaussanierung und aus der Klimaschutzmilliarde aufgebracht werden.

Untersuchungen an dezentralen Amtshäusern, Kindertagesheimen und Schulen haben gezeigt, daß durch Intracting sehr effizient und wirtschaftlich Energie und die damit verbundenen Kosten eingespart werden können.

Was haben Sie davon? !

Durch die Einbeziehung privaten Finanzkapitals können sinnvolle Infrastrukturinvestitionen trotz Budgetrestriktionen umgesetzt werden.

Die Gemeinde kann für Investitionsvorhaben zinsgünstiges Kapital aus privater Hand nützen, da private Investoren durch die Übertragung der Abschreibung Steuervorteile nützen können. Aufgrund dieser Steuervorteile sind die Investoren bereit, ihr Kapital dem Fonds zu einem Zinssatz unterhalb des Kapitalmarktniveaus zur Verfügung zu stellen. Die privaten Finanzgeber können kalkulierbare Termin-, Qualitäts- und Preisgarantien abgeben und haben durch ihre Größe und Erfahrung eine bessere Position bei Preisverhandlungen. Durch die Einführung „unternehmerischer Managementmethoden" bei der Errichtung von Infrastruktur wird die Effizienz bei Planung und Ablauf erhöht, die Gemeinde selbst muß nur mehr begleitendes Controlling machen.

Finanzierungsmodelle wie Contracting entlasten nachhaltig das Gemeindebudget, bringen durch die Sanierungen neue Impulse für die Bauwirtschaft und den Arbeitsmarkt. Die Gemeinde Wien kann mit diesen Modellen ohne kurzfristigen Kapitaleinsatz der öffentlichen Hand die Wohnqualität verbessern, den Umweltschutz erhöhen und Arbeitsplätze sichern.

1.4. Korruption, Parteiproporz und Parteibuchwirtschaft bekämpfen - Steuergelder sparen

Steuergeldverschwendung findet in Wien vor allem in folgenden Bereichen statt:

- Vereine und andere Institutionen, aber auch Personen werden manchmal nur aufgrund parteipolitischer Kriterien gefördert.
- Aufträge an Firmen werden von der Gemeinde für fragwürdige Projekte (Bsp.: Presse- und Informationsdienst) oder zu überhöhten Preisen (Bsp.: Teleges oder Baukartell) vergeben. Letzterem hängt der Geruch von Korruption nach.

1.4.1. Liberale Antikorruptionsoffensive

? Was ist das Problem?

Mängel bis hin zur **Korruption** in der öffentlichen Auftragsvergabe führen zu einer Wettbewerbsverzerrung und somit zu einer Verteuerung, da nicht der Bestbieter gewinnt.

Internationale Untersuchungen weisen für Österreich ein Korruptionsniveau aus, das deutlich über dem Durchschnitt der Industrieländer liegt. Beispiele aus letzter Zeit, wie die Affäre Teleges, das Baukartell oder die Handhabung einzelner Kontrahentenverträge zeigen, daß in Wien in Bezug auf eine Verbesserung des Vergabewesens, aber auch der Korruptionsbekämpfung besonderer Handlungsbedarf besteht. Schließlich wird in Wien seitens der Gemeinde fast nichts unversucht gelassen, um Korruptionsanfälligkeit zu fördern. Ein Beispiel sind Vergaberichtlinien, die in Wien nach wie vor nicht „eurofit" sind.

• Was hat sich international bewährt?

In Deutschland, insbesondere in München, wurde das Problem Korruption erkannt, offen diskutiert und Maßnahmen gesetzt. Neben Beratungsstellen haben dort insbesondere die Einrichtung von Anti-Korruptions-Staatsanwaltschaften zur erfolgreichen Bekämpfung von Korruption geführt.

Weltweit hat sich inzwischen auch **„Transparency International"**, eine nichtstaatliche Organisation zur Korruptionsbekämpfung und -aufklärung etabliert. Bisher hat es freilich keine Bemühungen seitens Österreichs gegeben, um auch hier ein Büro einzurichten.

*

Welche Lösungen bieten wir an?

Zur Verhinderung von Korruption und somit zur Vermeidung von Steuergeldverschwendung ergeben sich folgende Schwerpunkte der Antikorruptionsoffensive:

- Reform des Vergabewesens
- Ausbau von Kontrolle und Transparenz

Im Detail beinhaltet dies:

Reform des Vergabewesens

- Angleichung des **Wiener Landesvergabegesetzes** an das Bundesvergabegesetz sowie Schaffung „eurofiter" Vergaberichtlinien.
- Professionalisierung der Einkaufsfunktionen:

  Nur wenn die öffentliche Hand ihre Einkaufsfunktionen professionalisiert, wird es möglich sein, eine wirklich kostengünstige Beschaffung durchzuführen.
- Bei Vergaben: Strenge Einhaltung des 6 Augen-Prinzips.
- Trennung von ausschreibenden und vergebenden Dienststellen.
- Einführung einer zentralen **Vergabekommission** in jeder Magistratsabteilung, an welche sämtliche Ausschreibungen von den einzelnen Referaten übermittelt werden. Der Vergabekommission beigestellt sind **externe Begutachter,** die gelost werden und regelmäßig rotieren.

  Von der Vergabekommission sollen nur mehr die „Bestbieter" an die ausschreibende Dienststelle rückgeführt werden.
- Behandlung von Vergaben auch im Finanz- oder Kontrollausschuß, um auch eine politische Kontrolle zu gewährleisten

Ausbau von Kontrolle und Transparenz

- Einführung von Wertgrenzen für eine zwingende permanente, begleitende Kontrolle bei Bauvorhaben.
- Regelmäßige Rechnungshof-Querschnittsprüfungen im Vergabebereich der Gemeinde Wien.
- Stärkung der **oppositionellen Kontrollrechte** im Wiener Gemeinderat/Landtag.
- Erstellung eines „Weißbuches" (berufliche Verflechtungen von Politikern und Spitzenbeamten mit Auftragnehmern).

  Öffentliche Auftragnehmerstatistik als Anhang zum „Weißbuch".
- **Gründung einer Informations- und Anlaufstelle zur Korruptionsbekämpfung** Da es sich bei Korruption um Delikte handelt, bei der sich - nach geltendem Strafrecht - meist beide Seiten schuldig machen, erscheint es sinnvoll, eine niederschwellige Informations- und Beratungsstelle einzurichten. Diese soll sowohl

Beamten als auch AuftragnehmerInnen der Gemeinde - auch in anonymer Form - ermöglichen, Rat zu erhalten sowie auch Informationen auszutauschen. Eine magistratsunabhängige Ansiedelung, z.B. im Bereich der Volksanwaltschaft, scheint derzeit empfehlenswert.

- Externe Schulungen zum Thema Korruption im Magistrat.
- **Anti-Korruptions-Staatsanwaltschaft**
  Korruption bedarf auch einer spezialisierten Verfolgung. Das Beispiel München zeigt, welche Erfolge sich durch eine solche Spezialisierung ergeben können.
- **Transparency International (ti)**
  Durch die Gründung einer Teilorganisation von Transparency International soll die Informationstätigkeit zum Thema Korruption erhöht und ein diesbezügliches Problembewußtsein geschaffen werden.

! Was haben Sie davon?

Die Vorteile all dieser Aktivitäten würden vor allem zu deutlichen Kostenersparnissen für die Gemeinde Wien führen. Schätzungen ergeben ein Einsparungspotential von 20% des Nachfragevolumens, das sind für Wien 9 Mrd. Schilling [648 Mio. Euro] pro Jahr. Geld, das für Steuersenkungen sowie für sinnvollere Ausgaben verwendet werden kann.

1.4.2. Parteiproporz und „Parteibuchwirtschaft" abschaffen

? Was ist das Problem?

Postenbesetzungen oder Förderungen und Subventionen der Gemeinde Wien werden noch immer nach dem Schema des „rot-schwarzen" Parteiproporzes vergeben. Grundlage dieses Proporzes in Wien ist der („geheime") „Sideletter" im Koalitionsübereinkommen zwischen den Regierungsparteien SPÖ und ÖVP. Die Auswirkungen sind in der Gemeinde stark spürbar und kosten unnötig Steuergeld. Einige Beispiele:

- Die Auswahl von privaten Betreibern öffentlicher Kindergärten erfolgt meist nur zwischen („roten") 'Kinderfreunden' und („schwarzen") 'Kinder in Wien'.
- Es fließen 97% der Mittel für Erwachsenenbildung in die Volkshochschulen, wo das Geld zwischen SPÖ- und ÖVP-nahen Standorten aufgeteilt wird.
- Im Sport wird ein großer Teil der Mittel vom Sportbeirat vergeben, in dem („rote")

ASKÖ und („schwarze") UNION prominent vertreten sind, außerdem sind Baukostenförderungen daran gebunden, daß das betreffende Grundstück von der Gemeinde Wien gepachtet wurde, damit werden unabhängige Newcomer ausgeschlossen.

- Im Bereich des PID (Presse- und Informationsdienst) wird teuer Regierungspropaganda betrieben. Ein guter Teil des großzügig bemessenen Werbebudgets fließt an befreundete Unternehmen und Medien.
- Auch aus dem Kulturbudget werden SPÖ (z.B. Donauinselfest) und ÖVP (z.B. Stadtfest) oft nach einem vereinbarten Schlüssel finanziell bedient.

Was hat sich international bewährt? •

In praktisch allen anderen Bundesländern sind Subventionsrichtlinien, -berichte, Hearings und ähnliche Instrumente, die zu mehr Transparenz führen, selbstverständlich.

Welche Lösungen bieten wir an? *

- Entparteipolitisierung in allen Bereichen, in denen die Gemeinde Wien Einfluß hat
- Gleichberechtigter, transparenter Zugang zu Fördermitteln
- Ausarbeitung von objektiven Kriterien und Richtlinien für die Vergabe von Subventionen in einem ***„Wettbewerb der Ideen"*** nach dem Bestbieterprinzip.
- Listung der abgelehnten und vergebenen Subventionen in Form jährlicher Berichte zur Erhöhung der Transparenz.
- Öffentliche Hearings bei öffentlichen Besetzungen

Was haben Sie davon? !

Der Zugang zu öffentlichen Mitteln oder Funktionen ist nicht mehr von Parteizugehörigkeit abhängig, sondern von der Qualität einer Idee und dem Mut zur Umsetzung. Der Mut zur Umsetzung innovativer Ideen wird gerade auch dadurch gefördert, daß transparent ist, unter welchen Bedingungen die Gemeinde Wien Fördermittel vergibt.

Die knappen Budgetmittel kommen den besten Ideen und zielgerichtetsten Projekten zugute. Kein gut bewährter unabhängiger Frauennotruf wird „aus Budgetgründen" ausgehungert.

2. Bürokratiefreie Zone Wien - Management statt Verwaltung

2.1. New Public Management - Die Stadt: ein modernes Unternehmen

? Was ist das Problem?

Das **größte Unternehmen Wiens** ist - die Stadt Wien selbst. Wiener Gemeindebedienstete erfüllen für Steuergelder eine Unzahl von Aufgaben, die nicht oder nicht zwingend von öffentlich Bediensteten erledigt werden müssen. Aber auch kommunale Aufgaben werden nicht immer von der Gemeinde selbst am besten erledigt. Private können das oft besser, schneller und preiswerter. Alleine im Auftrag oder in Kooperation mit der Stadt.

Die BürgerInnen sind aber nicht nur die Kunden ihrer Behörden, sondern auch die Eigentümer. Sie haben daher doppeltes Anrecht auf eine schlanke, effiziente, aber auch auf eine rasche und serviceorientierte Stadtverwaltung.

Nach dem „Österreichischen Kundenbarometer“ erstellt von der Unternehmensberatung „Kreutzer, Fischer & Partner“ belegen die österreichischen Behörden in der Wertung „Globalzufriedenheit“ den letzten Platz von 25 untersuchten Branchen. Mit dem Verhältnis Kosten:Leistung sind 11% zufrieden, 50% hingegen unzufrieden, was auch in dieser Kategorie den letzten Platz bedeutet.

Hauptproblem der dichten städtischen Verwaltung in Wien ist, daß es immer weniger finanzierbar wird, die zahlreichen Aufgaben und Dienstleistungen, die derzeit von der Stadt erbracht werden, in dieser Form aufrecht zu erhalten.

• Was hat sich international bewährt?

Tilburg, Deutschland:
Die Stadt wird als **Konzern** gesehen, der Umgang der politischen mit der administrativen Ebene basiert auf dem Kontraktmanagement.

Effektivität und Effizienz sollten verbessert werden, ohne jedoch die politische Kontrolle durch die Kommune einzuschränken; auf Privatisierungen wurde weitestgehend verzichtet.

Zwischen den Fachbereichen und der politischen Ebene werden Kontrakte ausgehandelt. Der „Konzern Stadt“ erhält dadurch eine Unternehmenskultur des Verhandelns, nicht mehr des Anordnens.

Um die Ressourcen flexibel und adäquat einsetzen zu können, wurde den Fachdienststellen innerhalb des ausgehandelten Budgets die Kompetenz zur Einstellung von Personal gegeben. Trotz der umfangreichen Reorganisationen konnte auf Stellenabbau verzichtet werden.

Neuseeland:

Eine straffe Modernisierungsstrategie wurde auf Zentral- und Kommunalebene umgesetzt. Die staatlichen Unternehmen wurden neu strukturiert (Privatisierung, Ausgliederung), es kam zu einem umfassenden Stellenabbau. Die kommunale Verwaltungsreform stützte sich auf folgende drei Hauptpunkte:

- **Accountability** (Verantwortlichkeit): Trennung policy-making und performance, Orientierung am Outcome (also der Wirkung der Maßnahme)
- **Transparency:** Alle internen Verwaltungsinformationen werden so weit wie möglich der Öffentlichkeit zur Verfügung gestellt
- **Contestability** (Konkurrenz-, Wettbewerbsfähigkeit): Die Wirtschaftlichkeit und die Qualität der von der Verwaltung erbrachten Leistungen sollen sich mit der Arbeit des privaten Sektors messen lassen.

Dabei sollte die Orientierung an den BürgerInnen und ihren Wünschen im Vordergrund stehen; sie sind aber nicht nur KundInnen, sondern können auch mit der Verwaltung zusammenarbeiten (Vorschläge fürs Budget, BürgerInnenbefragung über die Zufriedenheit mit der Verwaltungsleistung).

Phoenix, Arizona, USA:

Grundlage der Verwaltungsreform war die strikte Trennung von Verwaltung und politischer Ebene. Die wichtigsten Ziele waren eine verstärkte Transparenz des Verwaltungsablaufs und die Orientierung der Verwaltungsarbeit an den Wünschen der BürgerInnen. Möglich wurde dies durch die Aktivierung der BürgerInnen in der Ausführung von öffentlichen Aufgaben. Resultat ist, daß bei mehr als 1 Mio. EinwohnerInnen die sehr leistungsstarke Verwaltung über nicht mehr als 8.500 MitarbeiterInnen verfügt.

Nachbarschafts- und Freiwilligenprogramme basieren auf der Einsicht, daß eine große Kommune den BürgerInnen nicht mehr alles abnehmen und gratis erbringen kann; die BürgerInnen wurden zur Selbsthilfe motiviert.

Die Verwaltung organisiert und leitet die Nachbarschaftsprogramme („Neighbourhood Fight Back"), wie das Regeln von Streitigkeiten, die Eingliederung neuer Nachbarn sowie die Kriminalitätsvorbeugung. Bei den Freiwilligenprogrammen werden BürgerInnen und einheimische Unternehmen anstelle der Verwaltung tätig: Landschaftspflege, Betreuung von Schulen und Bibliotheken, Ansätze auch im sozialen Bereich.

Großbritannien:
Herausbildung zweier grundsätzlich unterschiedlicher Verwaltungsreformmodelle:

- „Enabling Authority" - Die Kommunalverwaltung muß nur noch Gewähr leisten, daß eine Dienstleistung oder ein Produkt erbracht wird, egal ob von ihr selbst oder von Dritten. Bestimmte Dienstleistungen müssen ausgeschrieben werden; teilweise wird dann die Gemeinde tätig, teilweise Dritte. Wo Dritte tätig werden, tritt die Gemeinde als Auftraggeber auf: Sie vereinbart mit dem Dritten die genaue Leistung, die Ziele und Mittel zur Leistungserbringung (Kontrakte) und überwacht deren Einhaltung.
- Qualitätssicherung - Ausgehend von der Orientierung des Verwaltungshandelns am Output wird die Lieferung fehlerfreier Produkte sowie die Einhaltung der Zeit- und Budgetvorgaben angestrebt. Kernpunkt dabei ist das Erreichen eines bestimmten Leistungsniveaus des Personals.

In beiden Modellen wird besonderes Gewicht auf Kundenbetreuung und -orientierung sowie auf eine leistungsabhängige Bezahlung gelegt.

* Welche Lösungen bieten wir an?

New Public Management (NPM) - die wichtigsten Grundsätze:

- Zunächst wird festgelegt, welche Aufgaben von der Stadt wahrgenommen werden sollen und welche von Dritten;
- die externe Strukturreform, also Wettbewerbsbedingungen, stärkere Finanzierung öffentlicher Güter und Dienstleistungen durch die NutzerInnen sowie die Schaffung von Wahlmöglichkeiten für die NutzerInnen, und
- die interne Strukturreform, also Einführung von Globalbudgets, von Kosten- und Leistungsrechnung, Kontraktmanagement, Controlling, Produktkatalogen, BürgerInnenorientierung und Personalentwicklung. Für die interne Strukturreform kann man sich am Entwicklungsstand der Steuerung privater Unternehmen und Konzerne orientieren:

- In einem **Produktkatalog** werden inhaltlich vergleichbare Verwaltungsleistungen als 'Produkte' definiert, thematisch zu Produktgruppen und diese wiederum zu Produktbereichen zusammengefaßt. Der Produktkatalog dient als Voraussetzung, den angestrebten Übergang von der bislang inputorientierten zur outputorientierten Verwaltung zu ermöglichen, also die Verwaltung vorrangig am Nutzen für die BürgerInnen und nicht mehr primär an den einzusetzenden Ressourcen auszurichten.
- Auf der Grundlage dieses Kataloges wird eine **Kosten- und Leistungsrechnung** konzipiert, die künftig zu größerer Kostentransparenz beitragen soll. Ausgehend von Mengen und Preisen der Produkte werden den Verwaltungseinheiten die Finanzmittel zukünftig als **Globalbudgets** zugewiesen. Ein eigens entwickeltes **Verwaltungscontrolling** wird, mittels computerunterstützter Rechnungs- und Berichtssysteme, die Mittelverwendung steuern und überwachen.
- Gesteuert wird dies durch **Zielvereinbarungen,** die im Sinne des Kontraktmanagements verhandelt werden.
- Die einzelnen Verwaltungseinheiten werden künftig **dezentral** die **Fach- und Ressourcenverantwortung** wahrnehmen.
- **BürgerInnenfreundlichkeit und KundInnenorientierung** soll durch ein Qualitätsmanagement erreicht und dauerhaft gewährleistet werden.
- **Neues Personalmanagement** und die Weiterentwicklung der rechtlichen Rahmenbedingungen sind notwendig. Dazu zählen eine Reform des Personalrechts hin zu mehr Eigenverantwortlichkeit, eine leistungsbezogene Bezüge- und Zulagenreform hin zu einer Verflachung der Einkommenskurve und einer weitgehenden Angleichung an das ASVG. Der Reformprozeß wird von einer breiten Qualifizierungsoffensive und Kampagnen zur internen und externen Öffentlichkeitsarbeit begleitet.

Was haben Sie davon?

!

Die Struktur der städtischen Verwaltung richtet sich nur mehr nach der Zielvereinbarung, nicht umgekehrt. Verwaltungsabläufe können so und nur so optimiert werden. Zusammen mit der vorangehenden Aufgabenreform bedeutet das, daß die Dienststellen entsprechend ihrem Produkt - also der gewünschten Verwaltungsleistung für die KundInnen - ausgestaltet und besetzt sind. Die KundInnen werden besser und schneller bedient.

Dienststellenleiter mit mehr eigener Verantwortung sind einerseits mehr gefordert, sich beruflich weiterzubilden, andererseits aber auch motivierter und zufriedener mit ihrer Arbeit. Auch das merken die KundInnen.

Produktkataloge machen Verwaltungsleistungen meßbar. Dadurch werden Personalentwicklung und Stellenplan nachvollziehbarer, bedarfsorientierter, aber auch sparsamer.

Die Leistungsbeurteilung wird objektivierbar. MitarbeiterInnen, die über ihren Wert im Unternehmen Stadt genau Bescheid wissen, sind sicherer und ausgeglichener. Außerdem können nachvollziehbare Leistungsanreize für BeamtInnen geschaffen werden.

2.2. Das liberale 5-Säulen-Privatisierungsmodell

? Was ist das Problem?

Der momentane und prognostizierte budgetäre Spielraum der Gemeinde Wien ist zu gering, um ein Mehr an finanziellen Mitteln für Investitionen nutzbar zu machen. Diese notwendigen Mittel wären durch den Erlös von Privatisierungen aufzubringen.

Die Finanzierung von notwendigen Infrastrukturausgaben kann durch Vermögensumschichtung erreicht werden. Der Verkauf von Gemeindeeigentum ist dann gerechtfertigt, wenn damit Zukunftsinvestitionen finanziert werden und der Erlös nicht zum Füllen von Budgetlöchern verwendet wird. Alleine der Verkauf eines Teiles der Gemeindewohnungen würde für einen attraktiven Wirtschaftsstandort notwendige Infrastrukturmaßnahmen möglich machen.

* Welche Lösungen bieten wir an?

Das **liberale 5-Säulen-Privatisierungsmodell** bietet die Möglichkeit, das Ausgliederungs- und Privatisierungspotential Wiens zu bewerten, um dann im Anschluß echte Privatisierungen durchzuführen.

Säule 1: Hoheitsverwaltung im engsten Sinn: Kein Privatisierungspotential - Rationalisierungen, Strukturreformen und unternehmerisches Handeln in diesen Bereichen der Verwaltung (z.B. Verwaltungsstrafverfahren, Staatsbürgerschaften, Personenstandswesen etc.).

Säule 2: Magistratsaufgaben mit Ausgliederungs- und Privatisierungspotential (Gemeinde Wien: 25% direkte und indirekte Beteiligungen): Nach erfolgter

Ausgliederung und Vergesellschaftung soll die Gemeinde eine Sperrminorität von 25% behalten, um eine Mindesteinflußnahme in diesen Bereichen aufrechtzuerhalten. Die Leistungserbringung soll durch Ausschreibung und Vergabe an privatwirtschaftliche Auftragnehmer erfolgen (z.B.:Krankenanstaltenverbund, Stadtwerke, Müllabfuhr, Bäder).

Säule 3: Magistratsaufgaben mit Auslagerungspotential an Private (Outsourcing): Vergabe von kommunalen Aufgaben an selbständige Private. Die Verantwortung für die kommunale Leistung bleibt weiterhin bei der Gemeinde, jedoch wird das „Wie" auf Private übertragen. Voraussetzung für Outsourcing:

- Leistungs- und Qualitätsstandards
- Grundversorgung sichern
- Ausschreibungen

z.B. Stadt-Marketing, Planungs- und Entwicklungsleistungen, Landesarchiv, Museen, Desinfektions- und Lebensmitteluntersuchungsanstalt, Gebäudeverwaltung und -reinigung, Stadtgärtnerei, Städtischer Fuhrpark, Parkraumüberwachung, Rathauswache, EDV, Kindergärten, Errichtung von Gemeindewohnungen etc.

Säule 4: Unternehmen mit kommunalen Aufgaben (Gemeinde Wien: maximal 25% direkte und indirekte Beteiligungen): In Gesellschaften mit kommunaler Aufgabenstellung kann die Gemeinde eine Sperrminorität von 25% behalten, um eine Mindesteinflußnahme in diesen sensitiven Bereichen aufrechtzuerhalten (z.B. Entsorgungsbetriebe Simmering, Fernwärme, Wiener Hafen).

Säule 5: Unternehmen ohne kommunale Aufgaben (Gemeinde Wien: 0% direkte und indirekte Beteiligungen):Die Gemeinde Wien soll sich völlig aus handelsrechtlichen Unternehmen mit rein privatwirtschaftlichen Betätigungsfeldern zurückziehen (z.B. Bank Austria, Teerag Asdag, Wiener Messen, Gewista, Kabel-TV-Wien).

Was haben Sie davon?

!

Die Untersuchung nach dem liberalen 5-Säulen-Privatisierungsmodell macht das Privatisierungs- und Outsourcingpotential der Gemeinde bewertbar.

Neue Investitionen werden möglich und führen zu einer Vermögensumwandlung: Betriebe der Stadt Wien gegen Infrastruktur. Die Entlastung des öffentlichen Haushaltes kann zum gezielten Schuldenabbau verwendet werden.

Durch Ausgliederung aus dem öffentlichen Bereich ist die Schaffung von Wettbewerb in diesem Segment möglich, schlanke Strukturen entstehen durch die Konzentration auf die Kernbereiche der Gemeinde Wien.

Betriebswirtschaftliche Denk- und Handlungsweisen werden forciert. Die Abkehr von bürokratischen Verhaltensweisen bewirkt eine geringere Bindung finanzieller Mittel.

Das Modell bewirkt die strikte Trennung von effizienzhemmenden parteipolitischen Zielen (z.B. politisch motivierter Postenvergabe) und effizienter Umsetzung wirtschaftspolitischer Ziele.

Personaleinsparungen in Bereichen, die nicht der Hoheitsverwaltung angehören.

2.3. Ein Amt - ein Wort: Das liberale BürgerInnen-Servicezentrum

? Was ist das Problem?

Die BürgerInnen sind mit ihrer Verwaltung nur so lange zufrieden, solange sie nichts von ihr brauchen. Die Beschwerdequote ist sehr hoch, die Zufriedenheit mit den Reaktionen auf die Beschwerden ist wiederum sehr gering. Beim „Referenzpotential", also der Empfehlung der zuletzt besuchten Behörde an Freunde oder Bekannte, belegen die österreichischen Behörden im „Österreichischen Kundenbarometer" den letzten Platz. Gründe dafür sind undurchsichtige Zuständigkeiten, lange und mehrfache Amtswege, ungünstige Öffnungs- und lange Wartezeiten (Urlaubstage für Behördenwege), unpersönliche Behandlung als Bittsteller und nicht zuletzt die komplizierten und unverständlichen Formulare.

• Was hat sich international bewährt?

Das Bürgerbüro der Stadt Hof
wurde 1992 begründet, es befindet sich in Form eines Großraumbüros im 2. Stock eines Kaufhauses.

Es erfüllt Aufgaben als

- Amt für Öffentlichkeitsarbeit mit BürgerInnen und TouristInnen-Information
- BürgerInnenamt (Meldestelle, Wahlen, Standesamt, Staatsbürgerschaft, Ausländerwesen)
- Versicherungsamt.

Der Eindruck einer transparenten Verwaltung und von BürgerInnenfreundlichkeit entsteht. Eine Befragung der KundInnen ergab ein positives Gesamtbild, vor allem die verlängerten Öffnungszeiten am Nachmittag und während der Mittagszeit wurden geschätzt; außerdem wurde die Beratung überwiegend als sehr gut eingeschätzt.

Das Bürgerbüro Kulmbach

wurde 1996 gegründet und befindet sich am Marktplatz der Stadt. Im Bürgerbüro können die BürgerInnen alle „normalen" Amtsgeschäfte erledigen. Sämtliche MitarbeiterInnen bearbeiten alle Fragen, es gibt weder eine personenbezogene noch eine thematische Einteilung. Die BürgerInnen sollen normalerweise nicht ein zweites Mal ins Büro kommen müssen.

Die MitarbeiterInnen wurden ca. ein halbes Jahr vor allem durch EDV-Schulungen auf diese Aufgabe vorbereitet. Nun liegen ihnen alle Formulare und Anträge in Form von Masken im PC vor, so daß sie diese stets online ausfüllen, die Bearbeitung dort erfolgt und die Verwaltungsleistung in Form von Dokumenten sofort aus dem PC erstellt wird.

Außerdem gibt es einen eigenen Info-Counter, es können alle Formulare ausgegeben werden, Auskünfte und Hilfestellungen werden angeboten.

Den BürgerInnen werden unnötige Wege durch sofortige Bearbeitung ihrer Anliegen erspart; das Computernetz ist eine unerläßliche Hilfestellung bei dieser Art der Aufgabenerledigung; es gab keine Beschwerden über mangelnden Datenschutz seitens der BürgerInnen.

Das Bürgerbüro Coburg

wurde 1998 eingerichtet und versteht sich als erste Stufe eines zweigliedrigen Modells.

Zunächst soll die Sachbearbeitung eine kleinere Rolle spielen. Der Aufgabenschwerpunkt liegt im Servicebereich: Ausgabe- und Einlaufstelle für jegliche Antragsformulare sowie deren Überprüfung auf richtiges Ausfüllen. Es gibt eine Koordinatorin für jene Personen, die für eine Verwaltungsangelegenheit mehrere Ämter aufsuchen müßten. Außerdem werden Informationen über die amtsinternen Zuständigkeiten erteilt.

In der zweiten Stufe soll die EDV-Vernetzung weiter ausgebaut werden als Grundlage für eine umfassende Aufgabenerledigung im BürgerInnenbüro; die Sachbearbeitung soll im Vordergrund stehen.

Die Öffnungszeiten sind wochentags 7.30 bis 18.00 Uhr, Donnerstags bis 19.00 Uhr und Samstags von 9.00 bis 12.00 Uhr.

Die Erfahrungen sind bis jetzt sehr positiv sowohl von seiten der BürgerInnen als auch von seiten der MitarbeiterInnen.

? Welche Lösungen bieten wir an?

Die Lösung ist die flächendeckende Einrichtung von **BürgerInnen-Servicezentren** auch in Wien. Die KundInnen können alle Anliegen (Bundes-, Landes- und Gemeindeangelegenheiten) an einer Stelle erledigen. Für BürgerInnen-Servicezentren gelten folgende Grundsätze:

- Sie erledigen öffentliche Dienstleistungen wie Meldewesen, Standesamt, Gewerbewesen (Business-Point), Kultur, Soziales, teilweise Fremdenrecht, Kfz-Anmeldung, Ausstellen von Führerschein, Paß, Ausweis. Aufgrund der unterschiedlichen Kompetenzen sollen möglichst Behörden der Gemeinde, des Bundes und der Bundespolizei in räumlicher Nähe zueinander liegen.
- Die Erledigungsdauer liegt zwischen 10 und 30 Minuten. Die BürgerInnen-Servicezentren bestehen neben Fachabteilungen (Magistratsabteilungen) und sind mit ihnen EDV-mäßig vernetzt.
- Sie informieren über die Produkte der Verwaltung und die Zuständigkeiten, über Formulare so sie nicht von der/dem Gemeindebediensteten ausgefüllt werden, sowie über Verwaltungsverfahren.
- Alle Stellen haben die gleichen Kompetenzen. Die KundInnen können wählen und sind nicht an „ihre“ Servicestelle im Wohnbezirk gebunden.
- Die Servicestellen liegen idealerweise in unmittelbarer Nähe von Einkaufszentren, Bank oder Post bzw. in Ortskernen.
- Sie besitzen deutlich verlängerte Öffnungszeiten: wochentags bis 18:30 Uhr, und sind auch Freitag nachmittag und Samstag vormittag geöffnet (je nach KundInnenbedarf).
- Die Bediensteten sind bei eigener Dienst- und Personalführung in ihren Entscheidungen den jeweiligen Fachabteilungen (Magistratsabteilungen) verantwortlich (Fachvorgesetzte). Sie sind hochqualifiziert, bilden sich ständig weiter und arbeiten auf eigenen Wunsch in den BürgerInnen-Servicestellen. Sie wirken wesentlich an Aufbau und Logistik der Servicestellen sowie an den Evaluierungen mit.
- Diese regelmäßigen Evaluierungen der Leistung und die der KundInnenzufriedenheit garantiert ein hohes Leistungsniveau.
- Grundvoraussetzung für die Annahme der BürgerInnen-Servicestellen durch die KundInnen ist aber auch eine Aufklärungs- und PR-Offensive.

Was haben Sie davon? !

Die rasche und unmittelbare Abwicklung mehrerer verschiedener Verwaltungshandlungen in einem Büro spart den KundInnen Zeit und (doppelte) Amtswege.

Durch Lage und Öffnungszeiten können Behördenbesuche praktisch „im Vorbeigehen" erledigt werden. Urlaubs- oder „Behördentage" und Zeitbestätigungen für Behördenwege entfallen. Die Verwaltung erspart sich durch elektronische Aktenführung Postwege und dadurch Geld und Bearbeitungszeit.

Die MitarbeiterInnen in den Fachdienststellen werden vom „Parteienverkehr" entlastet, können deshalb für die ihnen verbleibenden Angelegenheiten mehr Zeit und Sorgfalt aufwenden.

MitarbeiterInnen im Kundendienst können speziell aus- und weitergebildet werden, arbeiten freiwillig in der Servicestelle, sind daher fachlich und menschlich geeignet und motiviert. Das bedeutet mehr Kompetenz und Freundlichkeit für die KundInnen.

2.4. Öffentlicher Dienst NEU: Effizienz steigern - Personalkosten senken

Was ist das Problem? ?

Ein Drittel der Gesamtausgaben Wiens, das sind über 40 Mrd. Schilling (S 40.560.000.000,-) [rd. 2,9 Mrd. Euro] , gibt Wien für Personalkosten aus. Das Personalmanagement besteht aus Kompromissen zwischen Parteipolitik, Verwaltungsspitze und einer dominanten Personalvertretung. Die **Personalkosten** wachsen selbst bei Aufnahmestopp durch zwei parallele Faktoren: regelmäßige Vorrückungen und jährliche Bezugserhöhungen.

Ein **unflexibles Besoldungssystem** und mehr als 1.600 verschiedene, teilweise leistungsunabhängige Zulagen verhindern Leistungsanreize. Ein protektionistisches Dienstrecht und überzogene Mitbestimmungsrechte der Personalvertretung verhindern flexibles Personalmanagement. Viele Verwaltungshandlungen laufen extrem arbeitsteilig ab, was ebenso wie fehlende Leistungsanreize zu Demotivation führt.

- Was hat sich international bewährt?

Tilburg:

Im Zuge der Neuorganisation der Verwaltung wurde im Personalbereich auf Leistungsanreize und Motivation der Mitarbeiter gesetzt.
Dieses moderne „Human Ressources Management" stützt sich auf folgende Eckpunkte:

- Mehr Mitbestimmung bei der Ernennung von Vorgesetzten und bei Organisationsveränderungen
- Regelmäßige MitarbeiterInnengespräche über die jeweils zu erbringende Leistung
- Leistungsabhängige Bezahlung der Beschäftigten
- Änderung der Verwaltungskultur hin zu mehr Selbständigkeit und Eigeninitiative

Neuseeland:

Die Verwaltungsreform stützte sich neben der umfangreichen Privatisierung staatlicher Unternehmen auf die Trennung strategischer Entscheidungen von der Verwaltung, die Orientierung am Outcome (also der Wirkung der Maßnahme) und erhöhte Transparenz (alle internen Verwaltungsinformationen werden so weit wie möglich der Öffentlichkeit zur Verfügung gestellt) und verfolgte das Ziel, die Wirtschaftlichkeit und die Qualität der von der Verwaltung erbrachten Leistungen mit der Arbeit des privaten Sektors messen zu können.

Dabei sollte die Orientierung an den Wünschen der BürgerInnen im Vordergrund stehen; sie sind aber nicht nur KundInnen, sondern können auch mit der Verwaltung zusammenarbeiten (Vorschläge fürs Budget, BürgerInnenbefragung über Zufriedenheit mit der Verwaltungsleistung)

Im Bereich Personalmanagement setzte man auf Motivationssteigerung: Erkenntnis der MitarbeiterInnen, daß nur durch ihr Handeln die Zufriedenheit der KundInnen zu gewährleisten ist; die KundInnen sind die BürgerInnen, die zugleich die Beurteilung der geleisteten Qualität vornehmen. Diese Zufriedenheit ist wiederum ein Kriterium für die Leistungsbeurteilung der MitarbeiterInnen.

Das Resultat war, daß den MitarbeiterInnen bewußt wurde, wofür sie gebraucht werden und wie ihre Leistungen von den KundInnen honoriert werden; dieses Bewußtsein ist Motivation für Einsatz, BürgerInnenorientierung und BürgerInnenfreundlichkeit.

Phoenix (USA):

Strikte Trennung von Verwaltung und politischer Ebene. Die wichtigsten Ziele waren eine verstärkte Transparenz des Verwaltungsablaufs und die Orientierung der Verwaltungsarbeit an den Wünschen der BürgerInnen. Möglich wurde dies durch die Aktivierung der BürgerInnen in der Ausführung von öffentlichen Aufgaben. Resultat ist, daß bei mehr als 1 Mio. EinwohnerInnen die sehr leistungsstarke Verwaltung über nicht mehr als 8.500 MitarbeiterInnen verfügt.

Mehr KundInnenorientierung und eine Motivationssteigerung bei den öffentlich Bediensteten konnten durch folgende Eckpunkte erreicht werden: jährlich Kosten-Nutzen-Analyse der einzelnen Dienststellen, darauf basierend Ergebnisvergleiche und Erfolgsmessungen; Beurteilung der Verwaltungstätigkeit und Anregungen durch die BürgerInnen; sehr weit ausgebildetes System des Vorschlagswesens mit Prämien für die MitarbeiterInnen; erfolgsabhängige Bezahlung der obersten Führungskräfte.

Welche Lösungen bieten wir an?

Die neu auszuarbeitenden Leitbilder und die Corporate Identity müssen auf der **outputorientierten Verwaltung** basieren. Der Stellenplan ist basierend auf der neuen Aufgabendefinition und den Produktkatalogen zu reformieren *(z.B. „Heidelberger Modell“ : Berechnung des Personalschlüssels nach der Anzahl der Verwaltungsfälle pro Jahr und dem Zeitaufwand pro Vorgang).*

Begleitend zu diesen strukturellen Änderungen ist Personalabbau durch Nicht-Nachbesetzen des natürlichen Abgangs möglich. Die **Pragmatisierung** muß auf Bedienstete der unmittelbaren Hoheitsverwaltung beschränkt werden. Nur dort hat der diesem Privileg zugrundeliegende Schutz vor Willkür seine Berechtigung.

Es müssen Anreize geschaffen werden, die einen Umstieg von der Privatwirtschaft in den Öffentlichen Dienst und vice versa erleichtern.

Bestellungen von Führungspositionen in der Verwaltung sollen nur noch auf Zeit erfolgen.

Die berufliche Weiterbildung ist durch Leistungs- und Schulungsanreize zu forcieren, vor allem auch in Hinblick auf ein Mehr an KundInnenfreundlichkeit.

Der Versetzungsschutz muß gelockert werden, um auf geänderte strukturelle Anforderungen besser reagieren zu können.

Das **Besoldungssystem** der öffentlichen Verwaltung muß grundsätzlich reformiert werden. Für die Schaffung von finanziellen Leistungsanreizen für die öffentlich Bediensteten sind Leistungsevaluierungen zuverlässigere Parameter als ein mehr als 1600 verschiedene Typen umfassender Zulagenkatalog.

Eine Verfahrenskonzentration, also eine Zusammenfassung verschiedener jetzt arbeitsteilig erledigter Verfahren oder Verfahrensschritte, bewirkt stärkere Identifikation mit der persönlichen Arbeit.

! Was haben Sie davon?

Niedrigere Personalkosten führen zu einer deutlichen Budgetentlastung.

Die MitarbeiterInnenzufriedenheit und Motivation steigt bei gleichzeitiger Umsetzung einer grundlegenden Verwaltungsreform.

Größere Eigenverantwortung bedeutet mehr Verantwortlichkeit den KundInnen gegenüber und dadurch besseres Service für die BürgerInnen.

Die höhere Querdurchlässigkeit des öffentlichen Dienstes schafft eine Vergleichbarkeit des Personalmanagements und damit die Möglichkeit, die Effizienz und die Effektivität zu steigern. Sie bewirkt darüber hinaus Know-how-Import in die Amtsstuben.

3. Freier Markt - freie Menschen

3.1. Nur UnternehmerInnen schaffen Arbeitsplätze

Was ist das Problem? ?

Die Anzahl der **Arbeitslosen** in Wien steigt weiter. Besonders problematisch ist Arbeitslosigkeit für jene, die noch nicht in den Arbeitsmarkt eingetreten sind - die Jugendlichen. Laut einer Prognose des Arbeitsmarktservice (AMS) Wien steigen bis ins Jahr 2001 die Zahlen der Beschäftigungslosen für Wien wieder um 0,3% an. Im geschlechtsspezifischen Vergleich zeigt sich, daß vor allem Frauen von den zunehmenden Schwierigkeiten betroffen sind. Nicht zuletzt durch die verkürzten Ansprüche auf Karenzgeldbezug erhöhte sich der Druck auf den Arbeitsmarkt.

Die Wiener Entwicklung zeigt eindeutig Kennzeichen eines Strukturwandels - allein im Industriebereich sind 42% der Arbeitsplätze seit 1970 verloren gegangen. Diese sogenannte **Deindustrialisierung** Wiens ist ein Phänomen, mit dem viele Metropolen zu kämpfen haben. Ausländische Beispiele zeigen jedoch ebenfalls, daß besonders der Bereich der privaten und produktionsnahen Dienstleistungen ausbaubar ist. Jedoch sind hierfür von den Verantwortlichen in Wien nicht die entsprechenden Bedingungen geschaffen worden, um den Umbau Wiens zum Dienstleistungszentrum zu ermöglichen.

Österreich liegt mit einer **Selbständigenquote** von 6,8% im internationalen Vergleich (EU-Durchschnitt 12,8%) weit zurück. Innerhalb der EU rangiert Österreich sogar an vorletzter Stelle. Doch bisher blieb die Regierung potentiellen UnternehmerInnen und MitarbeiterInnen die Schaffung der dafür notwendigen und förderlichen Rahmenbedingungen schuldig.

Das derzeit geltenden **Steuersystem** ist dadurch gekennzeichnet, daß Arbeitseinkommen hoher steuerlicher Belastung unterliegen und somit die Arbeit im Gegensatz zu kapitalintensiven Investitionen für Unternehmen verteuert wird. Den Anforderungen der Zukunft würde hingegen entsprechen, die Schaffung von zusätzlichen Arbeitsplätzen steuerlich zu unterstützen und den Verbrauch der natürlichen Ressourcen steuerlich zu belasten. Die groß angekündigte Steuerreform für das Jahr 2000 zeigt derzeit keineswegs, daß dieser notwendige Umbau des Steuersystems umgesetzt werden soll.

Für die **behördlichen Verfahren,** die zur Gründung eines Unternehmens bzw. zur Genehmigung einer Betriebsanlage notwendig sind, existiert im Bereich der Wiener Behörden derzeit keine koordinierende Stelle. Daraus ergeben sich mangelhafte Information und unterschiedlichste Auskünfte für BetriebsgründerInnen hinsichtlich behördlicher Bestimmungen und Verfahrenswege.

Österreichische Unternehmen haben rund 4,6 Mrd. Schilling [rd. 331 Mio. Euro] für administrative Aufgaben im Auftrag des Staates jährlich aufzuwenden. Weiters sind rund 6,3 Mrd. an nicht genau zuordenbaren **Folgekosten** von Unternehmen zu tragen. Je kleiner das Unternehmen desto größer ist die finanzielle Belastung pro MitarbeiterIn. So haben Unternehmen mit weniger als 20 Beschäftigten Kosten von 40.000 Schilling [2.882,- Euro] pro MitarbeiterIn und Jahr zu tragen.

Österreichs Wirtschaft ist in ein Korsett von Ge- und Verboten geschnürt. Diese Regulierungen sind auch im **Arbeitsrecht** enthalten. Einige dieser darin enthaltenen Schutzbestimmungen sind nicht mehr zeitgemäß und auch nicht mehr im Interesse derjenigen, für die sie geschaffen wurden. Dies behindert den unternehmerischen Erfolg der österreichischen Wirtschaft, führt zu eingeschränkter Wettbewerbsfähigkeit und schadet im globalen Wettbewerb letztlich allen Beteiligten.

Die soziale Fairneß gegenüber UnternehmerInnen ist derzeit in Österreich nicht ausreichend hergestellt. Beispiele für die **sozialrechtliche** Diskriminierung Selbständiger sind die Mindestbeitragsgrundlage im GSVG für JungunternehmerInnen, höhere Beiträge und geringere Leistungen in der Krankenversicherung ebenso wie die derzeit geltende Regelung für Ansprüche auf Arbeitslosengeld.

Die Aufbringung der **Finanzierung** stellt für viele potentielle UnternehmerInnen eine große Barriere dar. Gerade in der Gründungsphase mangelt es an der Selbstfinanzierungskraft der Unternehmen bei gleichzeitig schwerem Zugang zur Fremdfinanzierung. Die Ansätze der Wiener Stadtregierung dokumentieren sich in der Wiener Unternehmensgründungsaktion, die strikt auf ausgewählte Investitionszuschüsse abgestellt ist und auf den Wiener Risikokapitalfonds, der jedoch keineswegs von UnternehmensgründerInnen nutzbar ist, sondern mittelständischen Unternehmen Kapitalzufuhr ermöglicht.

Zur Schaffung eines **unternehmerfreundlichen Klimas** trägt die Ausbildung der Jugend einen wesentlichen Teil bei. Ziel muß es sein, die gesamte Ausbildung mit dem Prinzip der Erziehung zur Selbständigkeit zu verbinden, die auch die Quelle zum UnternehmerInnentum darstellt. Die derzeitige Ausbildung betont viel zu wenig dieses Prinzip und es mangelt auch an Vermittlung von wirtschaftlicher Kompetenz.

Welche Lösungen bieten wir an?

*

Nur UnternehmerInnen, Menschen mit unternehmerischem Denken und Handeln, schaffen Beschäftigung im globalen Wettbewerb. Jede Unternehmensgründung führt im statistischen Durchschnitt zu 3 bis 5 neuen Arbeitsplätzen. Das heißt, UnternehmerInnentum muß auf allen Ebenen attraktiver gemacht werden.

- **Finanzierung:** Gerade in der Gründungsphase bedarf es verstärkt eigenkapitalwirksamer Förderinstrumente. Der Schaffung eines funktionierenden Risikokapitalmarktes muß oberste Priorität eingeräumt werden. Die Gemeinde Wien ist hier aufgerufen, Finanzierungsinstrumente zu unterstützen, die es jungen Unternehmen erleichtern, die Start-Phase zu überstehen:
    - Haftungsübernahmen
    - Unternehmensbeteiligungsmodelle
    - Risikobeteiligungen
- Direkte **Förderung des ersten Mitarbeiters/der ersten Mitarbeiterin:** Gezielte Förderung des/der ersten Mitarbeiters/in eines Unternehmens im Zusammenhang mit dem Übertritt vom Einmann- bzw. Einfrau-Betrieb zu einem Unternehmen mit MitarbeiterInnen. Die Förderung soll in Form eines Gehaltszuschusses für maximal ein Jahr erfolgen.
- Unterstützung durch **Beratungskostenbeteiligung** in den Bereichen der Rechts-, Steuer und Marketingberatung in der ersten Phase nach der Unternehmensgründung.
- **Steuerliche Erleichterungen** für UnternehmensgründerInnen – in folgenden Bereichen:
    - steuerliche Gleichstellung von Fremd- und Eigenkapital:
      Durch die Möglichkeit, das Eigenkapital fiktiv zu verzinsen und dadurch als Betriebsausgabe steuerlich abzusetzen, wird die Finanzierung in der Gründungsphase erheblich erleichtert.
    - Um die Unternehmensnachfolge zu erleichtern, soll die Erbschafts- bzw. Schenkungssteuer für Betriebsübernahmen abgeschafft werden. Dadurch ist die Weiterführung eines Betriebes deutlich leichter möglich, da keine zusätzlichen Belastungen bei Übernahme anstehen.
    - Möglichkeit eines Verlustrücktrages für UnternehmensgründerInnen, um die erste Durststrecke eines Unternehmens leichter zu überstehen und die ersten Gewinne für den weiteren Aufbau des Unternehmens nutzen zu können.

  - Abschaffung der Werkvertragsregelung, die kleinstunternehmerisches Handeln wesentlich belastet und den Einstieg in die Selbständigkeit unnötig erschwert. Versicherungspflicht statt Pflichtversicherung macht die Einteilung neuer Erwerbsformen in veraltete Berufsschemen überflüssig.
  - Steuerbefreiungs- bzw Erleichterungsmodelle für gezielte Betriebsansiedlungspolitik: Reduktion der Körperschaftsteuer auf bis zu 10% für Betriebsansiedlungen und Unternehmenserweiterungen in ausgewählten zukunftsträchtigen Branchen, wie z.B. Unternehmen im Bereich der Hochtechnologie, Realisierung von innovativen Konzepten und Ideen, Entwicklung von Know how.

- **Entbürokratisierung** und Erleichterungen auf allen Ebenen wie:
  - Chipkarte statt Krankenschein
  - Vereinfachung der Lohnverrechnung
  - Abschaffung der Zwangsmitgliedschaft in Kammern
  - Vereinfachung der Beteiligung an öffentlichen Ausschreibungen durch bundeseinheitliche Regelung des Vergabewesens

! Was haben Sie davon?

Wiens Arbeitsmarkt bekommt erst dann neuen Schwung, wenn es eine echte Unternehmungsgründungswelle gibt. Dann nämlich werden Arbeitsplätze geschaffen, die dem internationalen Wettbewerb nicht nur gewachsen sind, sondern die sogar auf diesem begründet sind. Von dieser Wettbewerbsfähigkeit Wiens würden positive Impulse für ganz Österreich ausgehen.

Für den Einzelnen erhöht sich das Spektrum an Auswahlmöglichkeiten für die Berufswahl. Zwischen Beamten und Großindustriellen eröffnet sich ein weites Spektrum an Erwerbsmöglichkeiten, in dem sich jeder den Beruf suchen bzw. selbst gestalten kann, der seinen Neigungen, Talenten und seinem persönlichen Arbeitsstil entspricht. Dabei wird er nicht durch Bürokratie oder Berufsregeln behindert, im Gegenteil, die Umsetzung der Ideen wird unterstützt. Wien bekommt die Chance, aus einem kreativen Potential zu schöpfen, aus dem so manche zukunftsweisende Erfindung kommen kann, die durch Entwicklung zur exportfähigen Marke wieder zum Wohlstandsgewinn der gesamten Volkswirtschaft beitragen kann.

Aber auch für die Konsumenten ergeben sich deutliche Vorteile durch eine Deregulierung der Wirtschaft. Eine breitere Angebotspalette an Dienstleistungen erhöht das Angebot, und die gesunde Konkurrenz macht Leistungen preisgünstiger.

3.1.1. Vienna Business Point: UnternehmerIn werden an einem Tag

Was ist das Problem?

?

Laut OECD Statistik beträgt die Selbständigenquote in Österreich 6,8%, während der EU-Durchschnitt bei 12,8% liegt. Auch innerhalb Österreichs zeigen sich deutliche Unterschiede. So ist die Entwicklung der Unternehmensgründungen in Wien im Vergleich zu Gesamtösterreich unterdurchschnittlich. In den letzten zwanzig Jahren stieg der Anteil der Selbständigen in Österreich um 15% , hingegen in Wien nur um 0,8% an. Das liegt unter anderem auch daran, daß es einem potentiellen Betriebsgründer in Wien schwer gemacht wird, ein Unternehmen zu gründen.

In Wien gibt es mittlerweile eine Vielzahl an Stellen, die Beratung für JungunternehmerInnen im Bereich der Förderungen und Finanzierungsunterstützungen anbieten. Auch im Wiener Magistrat wurden erweiterte Informationsmöglichkeiten bezüglich der behördlichen Verfahren - z.B. in Form von Projektsprechtagen für Betriebsgenehmigungsverfahren - installiert.

All diese Initiativen der Wiener Verwaltung ändern jedoch nichts an der bestehenden unterschiedlichen Zuständigkeit innerhalb des Magistrats. So existiert im Bereich der Wiener Behörden derzeit noch immer keine koordinierende Stelle für Unternehmensfragen. Hinsichtlich behördlicher Bestimmungen und Verfahrenswege ergibt sich daraus das Problem, daß keinerlei gebündelte Informationsbeschaffung und Verfahrenserledigung für UnternehmerInnen und BetriebsgründerInnen möglich ist.

Welche Lösungen bieten wir an?

*

Schaffung eines „Vienna Business Point“

Der **Vienna Business Point** fungiert als alleinige Ansprechstelle als Service- und Dienstleistungseinrichtung für UnternehmerInnen, die für alle behördlichen Angelegenheiten in Zusammenhang mit Selbständigentum, Unternehmensgründung und Betriebsanlagen in Wien zuständig ist.

Eine BetreuerIn ist Kontaktperson zum Kunden. Diese wickelt Standardverfahren selbst ab und/oder begleitet kompliziertere Angelegenheiten während der gesamten Verfahrensabwicklung im Backoffice. Sie kann dem Kunden jederzeit Auskunft über den Fortschritt des Verfahrens geben.

Organisatorisch besteht eine Trennung des neu eingerichteten Business Points in einen **kundenorientierten Frontoffice-Bereich** und einen **Backoffice-Bereich** für die Abwicklung.

Für die Frontoffice Tätigkeit des Business Points können die **Bürgerservicezentren** genutzt werden.

All jene **Verfahren,** die für Gewerbeberechtigungen, Betriebsanlagenverfahren und baurechtliche Verfahren für Unternehmensgründungen und -erweiterungen notwendig sind, werden **zusammengelegt.**

Die **kommunalen Förderinstrumente** für Betriebsgründungen und -ansiedlungen sollen in den **Vienna Business Point** eingebunden werden.

! Was haben Sie davon?

Die Erleichterung der Gründung von neuen Unternehmen ist eine wesentliche Voraussetzung für die Entwicklung Wiens zu einem internationalen Zentrum für produktions- und wirtschaftsnahe Dienstleistungen. Durch jede neue Unternehmensgründung werden im Schnitt zwischen drei und vier neue Arbeitsplätze geschaffen. Wichtig für einen guten Beginn einer solchen Neugründung ist, daß sich die JungunternehmerInnen auf die Geschäftsidee, ihre Kunden und ihre Organisation konzentrieren können und nicht die meiste Zeit damit verbringen, den Weg durch den Behördendschungel zu finden und zusätzlich noch für Finanzamt, Sozialversicherung und Kammern zur Verfügung zu stehen. Diese Einrichtungen sollten Leistungen und Service anbieten und nicht umgekehrt.

3.1.2. Forschung und Entwicklung nach Wien holen

? Was ist das Problem?

Im **internationalen Wettbewerb** kann Wien nur auf jene Faktoren setzen, bei denen wir bereits eine gute Ausgangsposition haben. Lohndumping im Kampf mit Niedriglohnländern ist ein von vornherein aussichtsloser Weg. Rohstoffe besitzen wir nicht, Kapital und Finanzdienstleistungen entsprechen der Kleinheit des Landes.

Neben Rohstoffen, Arbeit und Kapital ist heute **Information und Know how** zum **vierten großen Wirtschaftsfaktor** geworden. Dort liegt ein Potential, auf das wir mit unseren hochqualifizierten Arbeitskräften zugreifen können. Um dieses Potential aber tatsächlich realisieren zu können, ist eine gezielte Offensive in den Bereichen Bildungs-, Wirtschafts- und Standortpolitik notwendig.

Auf seiten der Wirtschaft ist die Strategie bereits klar: Der Kampf um eine wettbewerbsfähige Position im globalen Welthandel ist vielen Unternehmen aus eigener Kraft nicht möglich. Nur Anbieter von „Nischenprodukten" können im Rahmen eines völlig eigenständigen „stand alone" Unternehmens bestehen.

Für die meisten heißt die Zukunftsstrategie Zusammenarbeit und **Vernetzung mit anderen Unternehmen.**

Der Grund dafür liegt in den derzeitigen Wettbewerbsfaktoren, die in einem deutlichen Wandel begriffen sind und in einer Delphie-Studie in Deutschland untersucht wurden. Demnach sind Preis, Qualität und Termintreue Grundvoraussetzungen, um überhaupt dabei zu sein.

Um einen Wettbewerbsvorteil zu erreichen, sind **Komplettlösungskompetenz,** ausgezeichnetes Kundenservice, Datenvernetzung zum Kunden und Logistikkompetenz erforderlich. All dies nützt aber noch nichts, wenn man nicht in der „time to market" Entwicklungszeit vorne ist.

Was hat sich international bewährt?

Irland:
Noch Mitte der 80er Jahre galt Irland als eines der Armenhäuser Europas. Die Wirtschaft war durch hohe Arbeitslosigkeit und eine Abwanderung der qualifizierten Arbeitskräfte gekennzeichnet. Folge war ein im EU-Durchschnitt niedriges Bruttoinlandsprodukt und explodierende Staatsschulden.

Um einen wirtschaftlichen Aufholprozeß einzuleiten wurde durch gezielte Steuerpolitik die Chance genutzt, Zukunftsbranchen wie Pharma, Elektronik, Softwareentwicklung und Finanzdienstleistungen durch Steuererleichterungen anzuziehen und Clusterbildung aktiv zu unterstützen. Konkret wurde eine Reduktion der Körperschaftsteuer auf 10% (statt 40%), zeitlich begrenzt bis Ende 2001 angeboten.

Weiters wurde zur Stärkung der Innovationskraft Steuerfreiheit für Patenterträge aus in Irland entwickelten Produkten gewährt.

Mittlerweile sind über 400 internationale Finanzinstitutionen in Irland ansässig, die beeindruckenden Wachstumszahlen der letzten Jahre gehören zu den höchsten der OECD-Länder.

* Welche Lösungen bieten wir an?

In Österreich wurde dem Trend nach Zusammenarbeit und **Kooperation** bisher im wesentlich durch Firmenkäufe und Fusionen Rechnung getragen. Eine andere Option für Unternehmen ist die Kooperation in Netzwerken, wo Kompetenzen, Know how, Kapazitäten und Ressourcen durch **Cluster** gebündelt werden.

Derartige Cluster wurden bereits in Deutschland (z.B. Baden-Württemberg, Sachsen/Thüringen und Bayern) für die Automobil- und Automobilzulieferindustrie gebildet, weitere solcher Cluster finden sich in Mittelengland/Wales, in Südfrankreich und sogar schon in Ungarn und Slowenien.

In Österreich hat bisher die Steiermark erfolgreich Cluster für den Automobilsektor etabliert.

Für Wien ist die Schaffung eines **Kompetenzzentrums** auf dem Gebiet der **Stadttechnologie** naheliegend, da wir in diesem Bereich bereits international erfolgreich arbeitende Unternehmen mit bestehenden Kompetenzen in verwandten technologischen Themen oder Methoden haben, um die herum eine Clusterbildung sinnvoll und attraktiv ist. Die vorhandene industrielle Kompetenz muß mit wissenschaftlicher Kompetenz verknüpft werden. Durch die Zusammenarbeit und eine thematische Fokussierung wird die Forschung intensiviert und die Ergebnisse der Wissenschaft für die Wirtschaft in verstärktem Ausmaß nutzbar gemacht. Derartige Kompetenzzentren entstehen derzeit in Linz (Mechatronik und Automation) und Graz (Fahrzeug-Akustik).

Zu den **Stadttechnologien des 21. Jahrhunderts** gehören insbesondere die Bereiche Verkehr, Bauen, Ver- und Entsorgung und Telekommunikation. Ein Kompetenzzentrum Wien in einem dieser Bereiche muß von der Stadtregierung als förderbares Einzelprojekt in der **EU-Kommission** plaziert werden.

Zur Initiierung eines solchen Kompetenzzentrums muß zunächst von der Stadt Wien die nötige **Infrastruktur** geschaffen werden. Neben Flächen für entsprechende Betriebsansiedlungen müssen auch Verkehrs- und Telekommunikationswege zu wettbewerbsfähigen Preisen angeboten werden.

Für Forschungsprojekte ist die Bereitstellung von **Risikokapital,** das heute in Wien in dieser Form nicht angeboten wird, notwendig. Dies ist für high-risk-Projekte über eine Hebel-Finanzierung denkbar: Der Projektträger bringt einen institutionellen Lead-Investor ein. Dessen Beteiligungssumme wird sodann mittels des neu zu schaffenden **High-Tech-Risikokapitalfonds** verdreifacht.

Die Attraktivierung Wiens als Zentrum für die Entwicklung neuer Technologien erfolgt natürlich auch wesentlich durch Förderung von **Patentvermarktung** und Patentinformation, insbesondere aber durch Steuerbegünstigung von Patenterträgen nach dem Muster Irlands.

Im Rahmen der **Ausbildung** muß in Wien mehr auf Fachhochschulen in technologischen Bereichen gesetzt werden. Wien hat derzeit keine Fachhochschule in einem Hochtechnologiebereich.

Was haben Sie davon? !

Internationale Experten sind sich einig darin, daß eine erfolgreiche Urbanwirtschaft ohne innovative Unternehmen des mittleren und höheren Technologiebereichs nicht vorstellbar ist.

Die Wiener Wirtschaft zeigt heute ein Innovationsverhalten, das im internationalen Vergleich viel zu niedrig ist. Wenn sich dies nicht ändert, ist in Wien eine dynamisch wachsende Wirtschaft, die die Grundlage für Wohlstand, sozialen Frieden und Arbeitsplätze ist, nicht möglich.

Wien hat mit seinem wichtigsten Rohstoff, den begabten Menschen, die hier leben, eine wesentliche Voraussetzung dafür, den Wettlauf mit der Zeit noch zu gewinnen, wenn schnell Maßnahmen ergriffen werden, um die Entwicklung von Know how in dieser Stadt anzusiedeln.

Die Fokussierung auf Stadttechnologien ist neben vielen anderen Gründen vor allem deshalb sinnvoll, weil hier schon Kompetenz vorhanden ist, die weiter ausgebaut werden kann. Darüber hinaus ergibt sich in Zusammenhang mit der Osterweiterung der EU ein ungeheurer Markt für Dienstleistungen und Produkte der Stadttechnologie. Die osteuropäischen Länder haben einen großen Nachholbedarf an Infrastrukturinvestitionen, Wien als Ost-West-Drehscheibe ist der ideale Standort für diesen Markt.

3.2. Deregulierung als Motor der Beschäftigung

3.2.1 Arbeitsrecht reformieren

Was ist das Problem? ?

Fester Bestandteil liberaler Wirtschaftspolitik ist der offene Zugang zu unternehmerischer Tätigkeit. Einige der bestehenden Gesetze und Bestimmungen beinhalten klare Einschränkungen und belasten dadurch überflüssig die Wirtschaft. Das Ziel liberaler Wirtschaftspolitik ist die Eindämmung dieser **Überregulierung** zugunsten von mehr unternehmerischer Freiheit und individueller Verantwortung.

* Welche Lösungen bieten wir an?

- **Flexibilisierung der Arbeitszeiten** durch branchen- (bzw. firmen-) spezifische Regelungsmöglichkeiten, um Abweichungen hinsichtlich der Arbeitszeit, Arbeitsruhe und Feiertagsruhe zu vereinbaren.
- Neugestaltung des **ArbeitnehmerInnenschutzgesetzes,** denn viele „Schutzbestimmungen" wirken kontraproduktiv für die Beschäftigten und verhindern die Schaffung neuer Arbeitsplätze. (z.B. Ärzte, Krankenschwestern)
- Entrümpelung und Anpassung des **Kinder- und Jugendlichen-** Beschäftigungsgesetzes und Berufsausbildungsgesetzes an die Erfordernisse eines modernen Arbeitsmarktes. (Lehrlinge)
- Sanierung der **Sonderschutzrechte** (Behinderteneinstellungsgesetz).

! Was haben Sie davon?

Viele Lehrlinge werden heute nicht beschäftigt, weil die Unternehmen vor Schutzbestimmungen wie z.B. Unkündbarkeit während der gesamten Lehrzeit zurückschrecken. Auch ist der Lehrbegriff so eng definiert, daß bei einer Erweiterung neue zusätzliche Lehrstellen geschaffen werden könnten.

Behindertenverbände laufen schon lange Sturm gegen die Sonderschutzrechte des Behinderteneinstellungsgesetzes. Sie wissen ganz genau, daß es für behinderte Menschen besser wäre, sie wie Nichtbehinderte zu behandeln, weil sie dann wenigstens im Arbeitsrecht mit den anderen Chancengleichheit hätten.

Flexible Arbeitszeiten entsprechen den Anforderungen der heutigen Zeit. Wir haben allmählich genug davon, alle zur gleichen Zeit im Stau zur Arbeit zu fahren, zur gleichen Zeit zu arbeiten, zur gleichen Zeit im Stau in den Urlaub zu fahren, beim Schilift angestellt zu stehen, etc. Jene, die bereits im Genuß flexibler Arbeitszeiten sind, wissen die neue Freiheit und Lebensqualität einer von der Masse abweichenden Arbeitszeit durchaus zu schätzen.

3.2.2 Ladenöffnungszeiten freigeben

? Was ist das Problem?

Die Geschäfte in Wien haben zu 95% dann geöffnet, wenn die Menschen Arbeiten. Zu Zeiten, in denen Muße für „shopping" wäre, sind die Läden geschlossen. In der kurzen Zeit, die arbeitenden Menschen bleibt, um alle notwendigen Einkäufe zu erledigen, soll möglichst alles unter einen Hut gebracht werden. Aus diesem Grund boomen Einkaufszentren, die eine gute Angebotspalette bieten. Wiener Geschäftsstraßen können diesem Konkurrenzdruck nicht standhalten, wenn sie dem Wettbewerb nicht mit mehr Kundenfreundlichkeit und Service begegnen. In diesen Bemühungen sollen sie jedenfalls nicht durch gesetzliche Regelungen beschränkt werden.

Welche Lösungen bieten wir an? *

Geschäftslokale in der Stadt, die in Konkurrenz zu Einkaufszentren an der Peripherie stehen, müssen kreativ und innovativ sein. Sie müssen jene Vorteile noch mehr hervorstreichen, die sie im Vergleich zu Einkaufszentren haben, z.B. ein Flair, in dem man nicht nur einkauft, sondern auch gerne bummelt, Kaffee trinkt, Freunde trifft oder Kultur erlebt. Besonders die Wiener Innenstadt hat diesbezüglich viele Vorteile zu bieten, aber auch andere Geschäftsstraßen in Wien haben gute Voraussetzungen.

Die Vorteile können aber nur dann ausgespielt werden, wenn die Konsumenten auch genügend Zeit haben, sie zu genießen. Arbeitende Menschen hätten diese Zeit eher in den Abendstunden, Touristen, die Wien meistens am Wochenende besuchen, könnten ihr Geld gemütlich an Sonn- und Feiertagen hier lassen, wenn man ihnen die Gelegenheit dazu ließe.

Deshalb sind die gesetzlichen Regelungen der **Ladenöffnungszeiten** gänzlich aufzuheben. Die Öffnungszeiten sollen in einem freien Markt nicht durch staatliche Bevormundung, sondern von der Nachfrage der Konsumenten und dem frei zu gestaltenden Angebot der Unternehmen bestimmt werden.

Was haben Sie davon? !

Wenn wir nach Italien auf Urlaub fahren, erachten wir es als Selbstverständlichkeit, daß die Geschäfte am Abend offen sind, weil wir tagsüber am Strand sind, wenn wir am Wochenende nach Venedig fahren, ist es uns selbstverständlich, daß wir auch am Sonntag genügend offene Geschäfte finden, um in Ruhe einkaufen zu können.

Dieses Einkaufs-Ambiente können wir auch in Wien haben. Der Vorteil liegt nicht nur im größeren Angebot und darin, daß wir auch am Sonntag vormittag noch das Geschenk für die Schwiegermutter kaufen können, die Geschäftslokale in der Stadt haben einen Konkurrenzvorteil gegenüber den Einkaufszentren, der Nachteile wie Parkplatz oder Angebotskonzentration zumindest teilweise wieder wett machen kann. Freie Ladenöffnungszeiten tragen somit nicht nur zur Erhaltung der Arbeitsplätze im Handel bei, sie helfen auch mit, die Nahversorgung und Einkaufsinfrastruktur in der Stadt zu halten.

3.2.3. Gewerbeordnung entrümpeln

? Was ist das Problem?

Die derzeit geltende **Gewerbeordnung** ist gekennzeichnet durch Überreglementierung und Reste zünftischer Schranken und stellt sich somit als Behinderung für die Gründung neuer Unternehmen dar. Die strikten Bestimmungen hinsichtlich der Einteilung und Zugänge zu den einzelnen Gewerben reduziert den Kreis der potentiellen UnternehmerInnen.

Viele derjenigen, die heute schwarz arbeiten, tun dies, weil ihnen der offizielle Weg durch die Gewerbeordnung verbaut, aber die Nachfrage vorhanden ist. Dadurch entgehen dem Staat Steuereinnahmen in Milliardenhöhe.

* Welche Lösungen bieten wir an?

Freier Zugang zum Gewerbe: Der Vorschlag des Liberalen Forums für ein neues **modernes Gewerbegesetz** sieht folgende vereinfachte Regelung vor:

- Grundsätzlich gilt die **einfache Anmeldung** eines Gewerbes, wofür kein Befähigungsnachweis erbracht werden muß.
- Es gibt nur mehr **acht gebundene Gewerbe,** für die ein Befähigungsnachweis als Voraussetzung für die Gewerbeberechtigung notwendig ist. Dies gilt für jene Bereiche, bei deren Ausübung es zu Gefahr für Leib, Leben, Gesundheit, Umwelt, Natur bzw. Tierwelt kommen kann.
- Die Interessen der KonsumentInnen in einem Schadensfall werden von der **Betriebshaftpflichtversicherung,** die der Gewerbetreibende verpflichtend abschließen muß, abgesichert.

! Was haben Sie davon?

Durch ein neues, modernes Gewerbegesetz wird es möglich, Unternehmen zu gründen, die sich an einer Geschäftsidee orientieren und nicht an den veralteten Strukturen der jetzigen Gewerbeordnung. Da die Zugangsbeschränkungen weitestgehend aufgehoben werden, erhöht sich das Angebot und die Konsumenten haben größere Auswahl und Alternativangebote, wodurch wiederum die Preise sinken.

Die Sicherheit für Konsumenten ist durch exakt geregelte Haftungsbestimmungen und entsprechende Haftpflichtversicherungen besser gewährleistet als heute durch den Meisterbrief.

Der Druck, illegal schwarz zu arbeiten, ist von Handwerkern ohne Meisterbrief genommen, da sie zur Berufsausübung berechtigt sind, der Anreiz geringer, weil die Möglichkeit, sich eine Existenzgrundlage durch Gründung eines eigenen Unternehmens zu schaffen, langfristig attraktiver als schnelles Schwarzgeld ist.

Auf Konsumentenseite wird es weniger attraktiv, auf den Schwarzmarkt zurückzugreifen, weil das legale Angebot größer ist, das Preisniveau durch den Wettbewerb ohnehin niedriger liegt und bei legaler Auftragsvergabe noch dazu Haftung angeboten wird.

Für die öffentliche Hand reduziert sich der durch Schattenwirtschaft entstehende Schaden um Milliarden.

Durch Lockerung des Berufsausbildungsgesetzes können sofort zusätzliche Lehrstellen geschaffen werden. Auch die Erhöhung der Einsatzmöglichkeit von Lehrlingen hätte positive Beschäftigungseffekte. Die Deregulierung der Wirtschaft macht einen Ausbau des Dienstleistungsbereiches möglich und sein großes Wachstumspotential nutzbar. Auch das bedeutet ein Mehr an Arbeit für Selbständige und Unselbständige.

3.3. Stopp der Gesetzesflut

Was ist das Problem?

?

In Wien gelten derzeit 143 Landesgesetze und 272 Verordnungen, etwa 75 Kundmachungen, Entschließungen und Beschlüsse. Abgesehen davon, daß es auch hervorragenden JuristInnen nicht mehr möglich ist, diese Rechtsnormen zu kennen, ist das **Netz von Reglementierungen** sehr engmaschig und wird immer enger. Das bedeutet nicht nur eine Kostenexplosion bei der Vollziehungsbürokratie, sondern auch ständig wachsende Hürden für die Wirtschaft und eine fortschreitende Einschränkung unseres persönlichen Freiraumes.

Einige Beispiele aus Gesetzen und Verordnungen:

- **Veranstaltungs- und Veranstaltungsstättengesetz** beinhalten Vorschriften, die eine krasse Überreglementierung darstellen (z.B. Aufstellung von Tischen nur in Reihen etc.), sodaß Wirtschaftstreibende und Private - hier vor allem finanzschwache Jugendliche - bei ihren Veranstaltungen durch teilweise unsinnige Vorschriften und deren Folgekosten behindert werden.
- **Landesvergabegesetze** sind völlig unterschiedlich. Ein Betrieb der sich österreichweit an Ausschreibungen beteiligt, ist gezwungen, neun Landes- und ein

Bundesvergabegesetz zu kennen und verschiedene Verfahren zu befolgen. Die 10 verschiedenen Materien könnten ohne weiteres in einem Bundesgesetz harmonisiert werden.

- Zahlreiche Gesetze und Verordnungen regeln in teilweise skurriler Art **Dinge ohne Regelungsbedarf,** z.B.: „Gesetz betreffend die Erteilung von Unterricht in Gesellschaftstänzen", „Verordnung der LReg betr die Voraussetzungen für die Zulassung zur Tanzlehrprüfung, den Umfang des Prüfungsstoffes und die Regelung des Prüfungsvorganges", „Verordnung der Bundespolizeidirektion Wien betreffend die Festsetzung der Anzahl der bei der Anmeldung vorzulegenden Meldezettel", „Verordnung des Magistrates der Bundeshauptstadt Wien über die Haustorsperre und die Hausbeleuchtung", „Verordnung der LReg betr die Festsetzung eines Tarifes für Amtskosten im schiedsgerichtlichen Verfahren über Ansprüche auf Ersatz von Jagd- und Wildschaden sowie die in diesem Verfahren zu verwendenden Drucksorten" etc.etc.

Verantwortungsvolle Politik wird in Zukunft daran gemessen, ob sie bereit und fähig ist, konkrete und wirksame Maßnahmen zur **Eindämmung der Gesetzesflut** zu formulieren und umzusetzen.

• Was hat sich international bewährt?

In den USA werden regelmäßig Kennzahlen veröffentlicht, die die Regulierungsdichte veranschaulichen. Es werden außer der Seitenzahl der Rechtsnormen auch die Kosten der Vollziehung sowie die Folgekosten der dem Gesetz unterworfenen BürgerInnen berechnet. Die Kennzahlen fließen in den Gesetzgebungsprozeß ein und werfen automatisch die Frage auf, ob ein Gesetzesvorhaben in der geplanten Form überhaupt volkswirtschaftlich sinnvoll ist.

Auch die lesefreundliche Formulierung von Gesetzen wird in den USA schon umgesetzt, da sich die Administration zu dem Grundsatz bekennt, daß Texte von juristischer Bedeutung für jedermann verständlich sein sollen. So hat das „Bureau of Land Management" - es verwaltet Gründe, die im öffentlichen Eigentum stehen - bereits alle seine Richtlinien und Regulierungen mit dem Ziel der sprachlichen Vereinfachung überarbeitet.

* Welche Lösungen bieten wir an?

Nachdem für bestehende Gesetze und Verordnungen Kennzahlen veröffentlicht werden, sollen sich alle jetzt schon gültigen Normen und alle neuen Gesetzes- und Verordnungsentwürfe einer **„Reifeprüfung für Gesetze und Verordnungen"** stellen. Diese Prüfung ist ein aus standardisierten Fragen zusammengesetzter Raster, der an bestehende und neue Rechtsnormen angelegt wird, bevor ein Begutachtungsverfahren beginnt. Sie besteht aus mehreren Checks:

1. **Notwendigkeit:** Ist eine gesetzliche Regelung überhaupt notwendig? Wenn sich ergibt, daß kein Regelungsbedarf besteht oder daß das Problem ohne Eingreifen des Gesetzgebers lösbar ist, gibt es kein neues Gesetz.
2. **Regelungstiefe:** Welches ist die Variante mit den leichtesten Eingriffen, die noch den gewünschten Effekt erzielt? Welche Details müssen bzw. sollen garnicht geregelt werden?
3. **Harmonisierung:** Welche anderen Gesetze und Verordnungen regeln die gleiche Rechtsmaterie und wie kann das Gesetz mit diesen harmonisiert werden? Ist überhaupt ein eigenes Landesgesetz notwendig oder genügt ein Verweis auf Bundesrecht?
4. **Kosten/Nutzen-Analyse:** Wie hoch sind die Kosten, die die Vollziehung der Norm verursacht (bei Behörden, aber auch bei den betroffenen BürgerInnen), was ist demgegenüber der Nutzen?

Für diese „Reifeprüfung" gibt es drei mögliche Ergebnisse:

- Das Gesetzesvorhaben oder die Verordnung wird **wieder verworfen.**
- Es entsteht eine **befristete Regelung,** eine Verordnung oder ein Gesetz wird für eine festgelegte Zeit gültig. Vor Ablauf der Gültigkeit muß sich der Erlasser der Verordnung bzw. der Gesetzgeber noch einmal mit der Regelung befassen und aktuelle Entwicklungen (Rechtssprechung, geänderte Bedingungen etc.) befassen, d.h. sie durchläuft die „Reifeprüfung" nochmals.
- Eine Verordnung wird **unbefristet** erlassen bzw. ein Gesetz ohne Befristung beschlossen.

Was haben Sie davon? !

Bestehende Gesetze und Verordnungen werden wieder leichter lesbar, einfacher und übersichtlicher. Der Freiraum des Einzelnen wird größer, die Regulierungsdichte geringer.

Die Notwendigkeit, bestimmte Sachverhalte gesetzlich zu regeln, wird grundsätzlich hinterfragt. Neue Gesetze und Verordnungen werden dadurch seltener, aber präziser und zielorientiert.

Kosten und Nutzen von Rechtsnormen werden bekannt. Normen, die wirtschaftlich nicht vertretbar sind, werden identifiziert. Gesetze und Verordnungen, die harmonisiert werden müssen, werden sichtbar.

4. Bildung schafft Arbeit - Bildungsoffensive für Wien

Gerade in der Bildungspolitik hat das Liberale Forum bereits seit Jahren und auf allen Ebenen den Reformstau thematisiert und umfassende Lösungen vorgeschlagen. Der liberale Bildungsbegriff orientiert sich dabei am **Ideal des mündigen, autonomen und verantwortungsbewußten Menschen.** Das Programm des Liberalen Forums definiert daher Eigenständigkeit, Urteilsfähigkeit, Verantwortungsbewußtsein und Toleranz sowie die Fähigkeit und Bereitschaft zur Weiterentwicklung der eigenen Kompetenzen als oberste Bildungsziele einer modernen Gesellschaft.

Im folgenden sollen die wesentlichen Analysen und liberalen Forderungen zu Bildungsfragen, sofern sie für Arbeit und Wirtschaft in Wien relevant sind, angesprochen werden.

4.1. Allgemeine Reform des Schul- und Bildungssystems

? Was ist das Problem?

Das österreichische Schulsystem hinkt bei vielen positiven, internationalen Entwicklungen nicht nur weit hinterher, die österreichische Bildungspolitik ist seit Jahrzehnten festgefahren und durch verschiedene Faktoren blockiert: Der Selbstfesselungstrick einer **europaweit einzigartigen 2/3-Gesetzgebung** bei wesentlichen Bildungsmaterien verhindert seit Jahrzehnten eine sinnvolle Weiterentwicklung der Schulgesetzgebung. Das ideologische Scheingefecht ist hier allemal noch wichtiger als vernünftige Weichenstellungen im Bildungsbereich.

Die Festschreibung des proporzmäßigen Parteieneinflusses im Schulbereich (über den verfassungsmäßig verankerten Proporz bei den Landesschulräten bzw. beim Wiener Stadtschulrat) führt zu einer zusätzlichen **Lähmung aller Reformabsichten.** Wesentlich ist nicht die Qualität bei der Besetzung wichtiger Funktionen, wesentlich ist die Einhaltung der Proporzregeln. Innovative Projekte und neue Ideen werden bestenfalls in Schulversuche ausgelagert und dort belassen. An eine Überführung ins Regelschulwesen ist nicht gedacht.

Gleichzeitig ist das österreichische Schulsystem geprägt von zentralistischen, planwirtschaftlichen Strukturen, mit allen Auswüchsen an Ineffizienz und Vergeudung von Ressourcen und Engagement, wie dies durch fehlenden Wettbewerb immer bewirkt wird. **Bürokratisierung und Verpragmatisierung** als wesentliches Strukturmerkmal führen zu einer generellen Leistungsfeindlichkeit, zu einer außerordentlich ungerechten Einkommensverteilung bei den Lehrenden und zu **Demotivation** und innerer Kündigung als Massenphänomen des pädagogischen Sektors.

Welche Lösungen bieten wir an?

*

Wien muß endlich wieder - wie bereits vor vielen Jahrzehnten - Motor einer echten Schulreform werden. Durch eine von Wien ausgehende konsequente Reformdiskussion muß ein Prozeß ausgelöst werden, der bis hin zu bundesgesetzlichen Änderungen führt. Dieser Reformprozeß zielt auf folgende Bereiche:

- Unterrichtsmittel und -formen müssen rasch an die geänderten Bedürfnisse und Möglichkeiten der Informationsgesellschaft angepaßt werden: Insbesondere muß an die Stelle der einseitigen Bevorzugung des traditionellen Mediums „Schulbuch" der Aufbau alternativer und zeitgemäßer Bildungsmedien treten. Da sich Bildungsinstitutionen heute stärker als bisher als Hilfe zur Selbsthilfe verstehen müssen, ist ihre primäre Aufgabe nicht, gesellschaftlich normiertes Wissen und gängige Meinungen zu vermitteln, sondern **Problemlösungskompetenz** und Techniken des selbständigen Wissenserwerbs: Anstelle des Frontalunterrichts hat in allen Bildungseinrichtungen soweit wie möglich die Anleitung und die Betreuung der Lernenden bei der selbständigen Erarbeitung von Wissensinhalten zu treten.
- Im Rahmen einer **Neuorientierung der Unterrichtsinhalte** und der Lehrerbildung sollte darauf geachtet werden, daß im Interesse einer ganzheitlichen Bildung auch bisher nicht an der Lehrerbildung beteiligte Fakultäten und Forschungsbereiche stärker in die Konzeption eines umfassenden Verständnisses von Allgemeinbildung und daraus resultierender Modelle der schulischen Bildung und der Lehreraus- und -fortbildung einbezogen werden. Dies würde auch ein stärkeres Auseinandersetzen mit selbständigem und somit potentiell unternehmerischem Denken und Handeln beinhalten.
- Die für jede einzelne Schule erforderliche **Unterrichtsorganisation** darf nicht von den Verwaltungsorganen diktiert werden, sondern muß, den Erfordernissen der jeweiligen Schule und den Erwartungen der an ihr Lehrenden und Lernenden sowie der Eltern entsprechend, autonom pädagogisch gestaltet werden. Diese gelebte Schulautonomie hätte klarere Schulprofile und auch verstärkte, innere Differenzierung zur Folge. Letzteres bedeutet, daß im Unterricht ein Höchstmaß an Individualisierung - entsprechend der Begabungen der einzelnen SchülerInnen - angestrebt wird.

- Privaten Bildungsinitiativen sind - unter Einhaltung gewisser Rahmenbedingungen - gleiche Entwicklungsmöglichkeiten zu gewährleisten wie öffentlichen Bildungsinstitutionen. Derzeit sind konfessionelle Privatschulen gegenüber anderen Privatschulen privilegiert, da ihnen der Personalaufwand verpflichtend vom Staat ersetzt wird. Diese Maßnahme ist auf alle Schulen mit privater Trägerschaft auszudehnen, deren Zielsetzungen mit der Verfassung übereinstimmen. Ein bunteres, flexibleres, vielfältigeres öffentliches Schulwesen muß die Möglichkeit der Realisierung unterschiedlicher pädagogischer Versuche und Modelle umfassen. **Alternative, freie, selbstorganisierte Schulprojekte** müssen als Teil eines modernen Bildungssystems ihren respektierten Platz in der Gesellschaft haben und dementsprechend einen Anspruch auf Kostenersatz ihrer Aufwendungen aus öffentlichen Mitteln erhalten.

- Die Schule muß künftig dem Umstand Rechnung tragen, daß die Effizienz von Betrieben und Institutionen wesentlich vom **Teamgeist** und von der Fähigkeit zu kooperativer Gestaltung der Arbeitsaufgaben abhängt. Deshalb müssen in höherem Maß als bisher kooperative Lernformen im Unterrichtsgeschehen entwickelt und nicht mehr ausschließlich Einzelleistungen beurteilt, sondern verstärkt Teamleistungen und Teamfähigkeit in die Beurteilung des Schulerfolgs einbezogen werden.

- Im Rahmen einer Reform der LehrerInnen-Bildung sprechen wir uns für die Etablierung pädagogischer Fakultäten aus. Neben pädagogischer und fachlicher Ausbildung muß dort auf die Persönlichkeitsbildung starken Wert gelegt werden. Durch eine entsprechende Studieneingangsphase soll die persönliche Eignung besser reflektiert werden; durch flexiblere Ausbildungsangebote soll LehrerInnen ein späterer Wechsel in andere Berufe erleichtert werden.

- Gegen die Jung-LehrerInnen-Arbeitslosigkeit und die damit verbundene, unbefriedigende Altersstruktur bei aktiven LehrerInnen sind dringend Maßnahmen zu setzen. Aus liberaler Sicht gibt es dringend notwendigen Änderungsbedarf beim Dienst- und Besoldungsrecht. Neben einer Forcierung von Freijahren oder der Abschaffung der Pragmatisierung sollten gegenüber älteren LehrerInnen auch Anreize zur Reduktion bestehender Lehrverpflichtungen zugunsten neuer Einstellungsmöglichkeiten angeboten werden.

- Die Möglichkeiten internationaler Bildungsangebote müssen in Wien besser transparent gemacht werden. Vermehrt und intensiv müssen die Bildungs- und Austauschprogramme der Europäischen Union genutzt werden. Verstärkt sollen durch Bildungspartnerschaften Kontakte mit ausländischen Bildungseinrichtungen geknüpft und diese im beiderseitigen Interesse genutzt werden.

Was haben Sie davon?

!

Nachdem Bildung der Schlüssel zur Beschäftigung ist, muß unser Bildungssystem raschest an die globalisierten Anforderungen angepaßt werden. Nur durch ein umfassend reformiertes Bildungssystem wird unsere Jugend in Wien künftig Chancen in Europa haben. Schließlich führt die Umsetzung liberaler Bildungsziele zu einer individuellen Stärkung im internationalen Wettbewerb, die dem Wirtschaftsstandort Wien zugute kommt.

4.2. Jugendarbeitslosigkeit bekämpfen - Reform der Lehrlingsausbildung

Was ist das Problem?

?

Seit Beginn der 90er Jahre wächst in Österreich die Zahl der Jugendlichen, die erfolglos eine Lehrstelle suchen. Im Juli 1998 waren über 1800 WienerInnen auf der Suche nach einem Lehrplatz. Viele davon erfolglos, denn das **Lehrstellenangebot** ist bei weitem geringer als der Bedarf. Während noch in den 80er Jahren der Berufseinstieg über un- oder angelernte Tätigkeiten eine auch sozial akzeptierte Möglichkeit darstellte, ist dieser Ausweg heute kaum mehr gegeben. PflichtschulabgängerInnen stehen einer drastisch verschärften Ausbildungs- und Arbeitsplatzsituation gegenüber, die nicht konjunkturell, sondern strukturell bedingt ist.

Gründe dafür liegen einerseits in Schwächen des Berufsschulsystems, andererseits in der Überreglementierung, die Unternehmen vor der Aufnahme von Lehrlingen abschreckt.

Die Situation der Lehrlinge ist aus Sicht der Liberalen ein zentrales Thema der Beschäftigungspolitik. Um zu verhindern, daß junge Menschen keine beruflichen Zukunftsperspektiven haben, bedarf es dringender Reformen.

Bisherige Initiativen der Bundes- und der Wiener Landesregierung sind allerdings nur teure **Symptombekämpfung,** die das Problem nicht lösen, sondern bestenfalls verschieben.

Welche Lösungen bieten wir an?

*

Einerseits muß die Ausbildung im Bereich der Berufsschulen reformiert werden, andererseits müssen für Unternehmen Anreize zur Ausbildung von Lehrlingen geschaffen werden.

- **Zugang zur Lehre:** Wir fordern die Einführung eines Berufsorientierungsjahres bei gleichzeitiger Abschaffung der Polytechnischen Schulen. Das Berufsorientierungsjahr soll das erste Jahr in allen berufsbildenden Schulen ersetzen und künftig entweder zum dualen Ausbildungssystem oder zu einer Berufsbildenden Höheren Schule überleiten. Durch das Berufsorientierungsjahr würde jedenfalls ein neuer Zugang zur Lehre geschaffen werden, der die Chance bietet, eigene Interessen und Neigungen kennenzulernen.

- **Neue Berufsbilder:** Damit die Berufsperspektiven der Fachkräfte attraktiver werden, muß eine Neuordnung und permanente Aktualisierung der Berufsbilder erfolgen. Dies scheitert in Österreich allerdings derzeit daran, daß für die Entwicklung neuer Berufsbilder sechs Jahre notwendig sind. Durch die von den Liberalen geforderte modulartige Ausbildung müssen Berufsbilder nicht immer neu geschaffen werden, sondern können aus Modulen bereits bestehender Berufsbilder und den entsprechenden Qualifikationen neu gemixt werden.

- **Öffnung der Sackgasse Lehre:** Die Lehre darf nicht mehr Einbahnstraße sein, sondern muß langfristig in Konkurrenz zur Schulausbildung in AHS oder BHS treten. Um eine Gleichwertigkeit beruflicher Bildung zu erzielen, muß die Durchlässigkeit des Bildungssystems verbessert werden: Nach Zusatzqualifikationen - durch weiterführende Module - im Anschluß an die Lehre - sollen Lehrlinge in Zukunft verstärkt die Möglichkeit nützen können, an Universitäten oder Fachhochschulen zu studieren.

- **Flexibilisierung der Berufschulzeit:** In Abstimmung mit der jeweiligen Branche sollte die Aufteilung der Berufschulzeit auf die einzelnen Lehrjahre differenziert gestaltet werden. Innerhalb der Berufsschule sind differenzierte Bildungsziele (Regelabschluß, Mittlere Reife, Berufsreifeprüfung) zu definieren und auszugestalten. Darüber hinaus sind Möglichkeiten einer individuellen Regelung der Dauer und Intensität der Berufsschulzeit zwischen Betrieb und Lehrling. (z.B: längere Lehre bei längerer Berufsschuldauer und höherem Bildungsabschluß) zu schaffen und durch eine geeignete modulare Gliederung des Lehrstoffes zu erleichtern. Vorraussetzung für derartige Maßnahmen liegen freilich auch in der Qualitätsverbesserung der Ausbildung von BerufsschullehrerInnen.

- **Entkoppelung von Schul- und Arbeitszeit:** Lehrlinge sind derzeit gegenüber anderen SchülerInnen oder Studierenden ihrer Altersstufe sozialrechtlich kraß benachteiligt. Dies ist nicht begründ- und aufrechthaltbar und würde höchstens zu einem weiteren Abwandern aus dem dualen System führen. Folglich soll künftig ein Anspruch auf Schülerbeihilfe, Mitversicherung bei Eltern oder Gleichstellung von Lehrlingsausweisen mit Studenten- und Schülerausweisen während der Berufsschulzeit bestehen. Lehrlinge werden dadurch von der Gesellschaft als Auszubildende und nicht als billige Hilfskräfte behandelt, für die nur die Lehrbetriebe zuständig sind. Die für die Zeit des beruflichen Praktikums anfallende Entschädigung steht für die Lehrbetriebe und für die Lehrlinge in direkter Relation zur Tätigkeit im Betrieb und erhöht auf beiden Seiten die Zufriedenheit.

- **Praxisorientierte betriebliche Ausbildung:** Im Bereich der ausbildenden Betriebe ist aus Sicht der Liberalen eine Anpassung der gesetzlichen Grundlagen an die tatsächlichen Gegebenheiten längst überfällig. Aus einer Reihe von Initiativen, die das Liberale Forum bereits auf Bundesebene gesetzt hat, soll die Beseitigung wenig sinnvoller Reglementierungen der Jugendbeschäftigung im Kinder- und Jugendlichen-Beschäftigungsgesetz und im Berufsausbildungsgesetz hervorgehoben werden. Eine rasche Entrümpelung kontraproduktiver Bestimmungen (z.B. 23.00 Uhr im Tourismus) oder die Lockerung der Verhältniszahlenregelung hätte sofort positive Beschäftigungseffekte.

- **Finanzielle Anreize:** Wenn man all die Gelder summiert, die die Regierung für Lehrlingsaktionen in letzter Zeit verwendet hat, stellt sich vermehrt die Frage nach Direktförderung qualitativ einwandfreier Ausbildungsbetriebe. So sollte Wien jedenfalls sofort, also schon vor der gänzlichen Abschaffung der Kommunalsteuer, auf diese bei Lehrlingen verzichten. Weitere direkte Zuschüsse an Betriebe, die sich einer Evaluation ihrer Ausbildungstätigkeit durch die Schulaufsicht unterziehen, sollten die Budgets für prestigeträchtige Regierungs-Alibiaktionen ersetzen.

- **Gemeinde Wien als Lehrlingsausbilder:** Während die Lehrlingsquote in der Wiener Privatwirtschaft ca. 27 pro 1000 Beschäftigte beträgt, liegt sie bei der Gemeinde Wien nur bei rund 7 Lehrlingen pro 1000 Beschäftigten. Ohne daraus ein Plädoyer für einen Personalaufbau in der Gemeinde abzuleiten, könnte durch eine kurzfristig höhere Lehrlingsquote in der Gemeinde - bis zum vollständigen Greifen sämtlicher vorgeschlagener Strukturreformen - die prekäre Situation am Lehrlingsmarkt gelöst werden. Voraussetzung wäre wohl, daß die SPÖ/Gemeinde Wien sich von ihrem Konzept trennt, daß jede(r) die/der je aufgenommen wird, quasi sofort pragmatisiert ist.

Was haben Sie davon?

!

Durch unsere kurzfristig umsetzbaren Vorschläge würde es zu einer sofortigen Entspannung auf dem Lehrlingsmarkt kommen - junge Menschen würden Lehrstellen finden und die Wirtschaft hätte genügend Fachkräfte. Durch unsere mittelfristig wirksamen Vorschläge einer strukturellen Reform würde Jugendarbeitslosigkeit nachhaltig verhindert werden. Dies muß eine soziale Selbstverständlichkeit für Wien sein.

4.3. JungakademikerInnen-Arbeitslosigkeit bekämpfen - Studierende fördern

? Was ist das Problem?

Der größte Reformbedarf im Bildungs- und Innovationssystem wird auch seitens der OECD im Bereich der Universitäten konstatiert.

Das den Ansprüchen der heutigen Zeit nicht mehr entsprechende und im internationalen Vergleich zurückfallende österreichische Bildungssystem bedarf dringend eines großen Sprungs vorwärts. Im Bereich Transparenz und Vorbereitung auf die unterschiedlichen Bildungswege werden falsche Weichenstellungen getroffen. Auch liberale StudentInnen sind der Auffassung, daß nur eine umfassend zukunftsgerichtete **Bildungsoffensive** unsere Gesellschaft offen und wettbewerbsfähig halten kann.

Die derzeitigen Studien sind in ihrer Mehrheit zu lange, zu starr und überfrachtet.

Systembedingt ist die Akademisierung in Österreich sehr niedrig - es gibt kein Bakkalaureat und keine Kurzstudien.

Die Ausbildungssituation an den Universitäten ist meist unbefriedigend (z.B. mangelnde Praktikumsplätze, zu viele StudentInnen für zu wenige Lehrende, zu lange Studienzeiten).

Die Qualität des Lehrpersonals läßt mancherorts die Problematik eines **Bestellmodus** erkennen, bei dem es mittelmäßigen Lehrenden möglich ist, unter sich zu bleiben.

Die Selbständigenquote ist in Österreich mit 6,8% zu niedrig (EU-Durchschnitt: 12,8%). Zu viele AkademikerInnen streben nach einer Anstellung im Bundes- und Landesdienst, durch den Aufnahmestopp in diesen Bereichen verringern sich die Anstellungschancen der Uni-AbgängerInnen, z.B. speziell im Bereich der Lehramtsstudienabgängerlnnen. Zu viele JungakademikerInnen suchen eine Anstellung in großen Konzernen und gehen nicht den Weg in die Selbständigkeit.

Hauptbereiche der Kritik am Universitätssystem aus der Sicht der Industrie sind vor allem die mangelnde **Praxisbezogenheit.** Universitäten kooperieren noch viel zu wenig mit Unternehmen. Durch diverse Sparpakete und geringe Flexibilität ist darüber hinaus der Anteil an Lektoren aus der Privatwirtschaft weiter zurückgegangen.

Die Industrie bemängelt aber auch, daß kaum Schlüsselqualifikationen (z.B. Kooperations- und Teamfähigkeit, Selbständigkeit und Motivation, Belastbarkeit, Risikobereitschaft und Innovationsbereitschaft) im Rahmen des bestehenden Lehrprogramms vermittelt werden.

Welche Lösungen bieten wir an?

*

- **Berufs- und bedarfsgerechte Orientierung des Studiums:** Zumindest die wirtschaftsorientierten Studien sollen neben sozialen Qualifikationen und Wissen auch das Potential für Unternehmertum und Gründergeist fördern. Globalisierung und Projektarbeit erfordern mehr Eigeninitiative und Risikobereitschaft. Dem muß vor allem in Hochschulen Rechnung getragen werden.
  Um den Vorwurf der zu geringen Zusammenarbeit zwischen der Wirtschaft und den einzelnen Universitäten entgegenzuwirken, wollen die Liberalen **praxisorientierte Lehrveranstaltungen** verstärkt in die Lehrpläne der Universitäten einbinden. Praktika der Studierenden sollten für ihr jeweiliges Studium angerechnet werden können.
  Durch eine berufsorientierte und bedarfsgerechte Orientierung der Studienpläne steigen die Chancen der StudienabgängerInnen bei der Jobsuche.
  Zur Finanzierung einer derartigen Verbesserung im Bereich des Studienangebotes soll auch eine radikale Entrümpelung wenig nachgefragter, jedoch an mehreren Universitätsstandorten angebotener Studienrichtungen beitragen.

- **Bachelor** - ein international etablierter akademischer Zwischenabschluß: Österreich liegt mit seiner AkademikerInnenquote weit hinter dem EU-Durchschnitt. Die Anzahl der Drop-Outs, welche über keinerlei qualifizierte akademische Abschlüsse verfügen, pendelt um die 50%, und die Bedrohung der Studienvielfalt durch budgetäre Kürzungen ist ebenso wenig von der Hand zu weisen wie die fehlende internationale Anrechenbarkeit der akademischen Grade. In anderen europäischen Ländern ist ein Bachelor Bestandteil des Bildungsangebotes. Die Liberalen wollen neben den Abschlüssen Magisterium und Doktorat in einigen Studienrichtungen den Bachelor als zusätzlichen akademischen Abschluß einführen. Die EU-Richtlinien sehen für ein Bachelor-Studium eine Mindestdauer von 6 Semestern vor. Lehrinhalte des Bachelors sollen neben Kernfächern der entsprechenden Studienrichtungen auch erste Spezialisierungen beinhalten. Der Bachelor zielt auf die wünschenswerte Möglichkeit einer kürzeren universitären Grundausbildung, die Erleichterung von Mehrfachstudien und die Kombination nationaler und internationaler Studien ab, weil dieses international anerkannt und angerechnet wird. Dies bewirkt die dringend notwendige Steigerung der bislang kläglichen AbsolventInnenzahl. In weiterer Folge kommt es zu einer Entlastung der universitären Ressourcen und somit zur vermehrten wissenschaftlichen Schwerpunktsetzung im späteren Studienverlauf. Auf eine gegenseitige Durchlässigkeit mit Fachhochschulen ist zu achten. Im Sinne eines dreistufigen Aufbau unseres zukünftigen universitären Systems wird so dem Studierenden mehr Entscheidungskompetenz und Individulität im Studium zugemutet.

- **Ausbau der Fachhochschulen:** Wir begrüßen das zusätzliche Angebot seitens der Fachhochschulen und der spezialisierten Forschungsinstitute. Ab dem Studienjahr 98/99 gibt es bereits fast 50 FH-Studiengänge, die Nachfrage ist steigend. Die bis jetzt - allerdings vorwiegend außerhalb Wiens - angebotenen Lehrgänge bewegen sich überwiegend im Bereich Informatik, Telekommunikation, Multimedia, Technik und Ingenieurwissenschaften, Wirtschaft und Management. Nachholbedarf gibt es für die Bereiche wie Stadttechnologien oder Gesundheitswesen. Wien muß dringend eine Bedarfserhebung durchführen und dann Standort von wichtigen, zukunftsträchtigen Fachhochschulen werden. Bei Fachhochschulstudien und universitären Studien ist jedenfalls auf möglichst wechselseitige Durchlässigkeit zu achten.
- **Hochschulen reformieren:** Die Autonomie an den einzelnen Universitäten ist voranzutreiben. Dazu gehören eine leistungs- und wettbewerbsorientierte interne Organisations- und Verantwortungsstruktur, weitgehende Personalhoheit und Finanzautonomie, wobei sicherzustellen ist, daß diese Kompetenzen vom Hochschulpersonal nicht mißbraucht werden können. Auch innerhalb der so geführten Universitäten ist eine umfassende Verwaltungsreform notwendig, die zu einer Entbürokratisierung im Studienbereich führen soll. Die Berufung von Professoren sollte grundsätzlich nur auf Zeit erfolgen. Eine Pragmatisierung von Hochschulbediensteten ist aus liberaler Sicht komplett auszuschließen. Verlängerungen von Dienstverhältnissen haben aufgrund objektiver Leistungsbeurteilungen zu erfolgen. Hochschulen müssen eine engere Zusammenarbeit mit der Wirtschaft anstreben. Dies soll u.a. beim Lehrangebot, durch anrechenbare Praktika, bei den Vortragenden aber auch im Bereich der Forschung und Entwicklung erfolgen. Im Bereich Forschung und Entwicklung soll vor allem der Transfer von Ergebnissen und Methoden zwischen der Wirtschaft und den Hochschulen ausgebaut werden. Die staatlichen Rahmenbedingungen für Stiftungen, Stipendien und privates Engagement müssen deutlich verbessert werden. Eine Unterstützung der Wissenschaft durch gemeinnützige Einrichtungen ist ein unverzichtbarer Bestandteil der Wissenschafts- und Forschungsförderung. Über die Organisationsstruktur staatlicher Hochschulen muß in naher Zukunft jedenfalls vorbehaltlos diskutiert werden. Bestimmte österreichische Hochschulen könnten in Stiftungsuniversitäten oder Kapitalgesellschaften umgewandelt werden. Auch Privathochschulen sollen denkmöglich sein.
- **Finanzierbares Studium:** Solange die von uns geforderte Grundsicherung noch nicht eingeführt ist, müssen entsprechende Studienkreditmodelle sicherstellen, daß die persönliche finanzielle Situation ein Studium nicht verhindert. Die

Einführung von allgemeinen Studiengebühren lehnen wir zum gegenwärtigen Zeitpunkt ab. Ohne vorherige Umstrukturierung und Verbesserung der Infrastruktur kann diese Diskussion nicht ernsthaft geführt werden. Wer heute Studiengebühren fordert, verschiebt die Verantwortlichkeit für strukturelle Mängel und beeinflußt die Chancengerechtigkeit negativ. Das bedeutet nicht, daß wir prinzipiell die Diskussion über eine sozial verträgliche Mitfinanzierung der Universitäten durch Studierende - z.B. über ein Rückfinanzierungsmodell - ablehnen.

Was haben Sie davon?

!

Bildung ist der wertvollste Rohstoff, den ein kleines Land wie Österreich in den weltweiten Wirtschaftsbeziehungen anzubieten hat. Gut ausgebildete Arbeitskräfte, Forschungseinrichtungen und ein intellektuelles Zentrum ziehen Unternehmen und Wissenschafter nach Wien. Dadurch entsteht hier weiteres Know how, Arbeitsplätze werden geschaffen, weitere Betriebe siedeln sich an und die Spirale dreht sich nach oben.

Derzeit erleben wir den umgekehrten Effekt, nämlich die Abwanderung vieler hochbegabter Wissenschafter ins Ausland, weil in Österreich die Parteibücher mehr zählen als die Ausbildung und das Wissen. Wien hat keinen Stellenwert als geistiges Zentrum in Europa. Die Universitäten sind Massenbetriebe, in denen viele nach einigen Semestern teurer Ausbildung ganz ohne Abschluß scheitern, andere gehen als JungakademikerInnen, die für die Praxis nicht vorbereitet sind, von dort weg. Die meisten wollen in den öffentlichen Dienst, die wenigsten wurden im Zuge des Studiums zu selbständigem Unternehmertum angeregt.

Durch mehr Praxisorientierung der Universitäten und mehr Zusammenarbeit mit der Wirtschaft wird sowohl die Ausbildung der Studierenden als auch die Forschungs- und Entwicklungskapazität der Wiener Wirtschaft verbessert.

Mehr Eigenverantwortung und Leistungsorientierung an den Universitäten steigert das Niveau des wissenschaftlichen Angebots und schafft ein neues geistiges Klima. Gezielte Angebote von Fachhochschulen in jenen technologischen Bereichen, die der Standort Wien forcieren soll, wie z.B. Stadttechnologien, schaffen das nötige gut ausgebildete Arbeitskräftepotential für eine Ansiedlung innovativer Unternehmen.

4.4. Erwachsenenbildung: Lebensbegleitendes Lernen

? Was ist das Problem?

Mit der rasanten Entwicklung des technischen Fortschritts geht eine ebenso rasche Veränderung des Wirtschaftslebens vor sich. Haben unsere Großeltern noch einen Beruf gelernt und diesen ihr Leben lang, meist sogar in ein- und demselben Unternehmen, ausgeübt, so können das unsere Kinder nicht mehr erwarten.

Wer heute auf dem Arbeitsmarkt bestehen will muß mit der Entwicklung mitgehen, neue Fertigkeiten lernen und mit neuen technologischen Erfindungen umgehen lernen.

Die Zukunft Wiens liegt in einem Standort für hochwertige Dienstleistungen und Innovationen. Dies funktioniert nur, wenn sich auch die Arbeitskräfte auf die neuen Anforderungen einstellen und entsprechend weiterbilden. Lernen hört nicht mit dem Schulabschluß auf.

Lebensbegleitendes Lernen hat jedoch in Wien leider noch einen viel zu geringen Stellenwert. Entsprechende budgetäre Umschichtungen hin zu Erwachsenenbildung werden notwendig sein. Die in Wien vorhandenen Strukturen sind allerdings gänzlich ungeeignet. Der rot/schwarze Verband Wiener Volksbildung, der mit der Gießkanne mehr als 90% des Wiener Erwachsenenbildungs-Budgets an seine Volkshochschulen verteilt, muß in dieser Monopolstellung schnellstens abgelöst werden.

Jedenfalls muß ein massives Umdenken in Richtung des lebensbegleitenden Lernens eintreten. Dabei sind Aspekte der beruflichen und persönlichen Weiterbildung zu verbinden mit Anforderungen eines völlig geänderten Arbeitsmarktes, neuer Arbeitsformen und einer Umverteilung von Arbeit im Gefolge der voranschreitenden Rationalisierung.

* Welche Lösungen bieten wir an?

Strukturen und Förderung:
In Wien muß der Verband Wiener Volksbildung als parteipolitisch motivierte, entbehrliche Zwischenstelle zwischen öffentlichem Fördertopf und Volkshochschulen (VHS) umgehend ausgeschalten werden. Die einzelnen Volkshochschulen haben sodann mit sämtlichen privaten Bildungsinitiativen in einen Wettbewerb um die Fördermittel zu treten. Diese Fördermittel müssen in Wien baldigst erhöht und an ein internationales Niveau herangeführt werden. Längerfristig muß sich auch beim

Lebensbegleitenden Lernen der Grundsatz durchsetzen, daß Menschen und nicht Gebäude bzw. Institutionen gefördert werden, d.h. auch hier ist eine weitgehende Umstellung von Objektförderung zu Subjektförderung liberales Credo.

Aufgaben:
Eine besondere Bedeutung kommt den Institutionen der Erwachsenenbildung und des lebensbegleitenden Lernens im Bereich von Umschulungen zu, da der Arbeitsmarkt der Zukunft ein höheres Maß an Flexibilität erfordern wird.

Angesichts der Arbeitsmarktproblematik wird jedenfalls berufliche Weiterbildung stärker zu unterstützen sein als z.B. die heute ebenso geförderte VHS-Esoterik, o.ä. Durch Bildungspartnerschaften zwischen Wirtschaftsbetrieben, Arbeitsmarktservice und Institutionen der Weiterbildung soll die erforderliche Koordination für eine bedarfsgerechte Vermittlung von Zusatzqualifikationen geleistet werden, um jenen Menschen, die umgeschult werden müssen, reelle Chancen auf den Umstieg in ein neues berufliches Arbeitsfeld zu eröffnen.

Einbindung von Schulen und Hochschulen:
Fachhochschulen, Universitäten und andere Bildungseinrichtungen sollen in ein Gesamtkonzept integriert werden, wobei gemeinsame Mindeststandards beinhaltet sein sollten. Im Fachhochschulbereich soll der Schwerpunkt bei der praktischen Umsetzung liegen, bei den Universitäten verstärkt auf der Bildung durch Wissenschaft.

Unter dem Aspekt des lebensbegleitenden Lernens dürfen auch Schulen, betriebliche Arbeitsstätten und Weiterbildungseinrichtungen nicht als gesonderte Institutionen betrachtet werden, sondern als Bestandteil eines **Lernnetzwerks,** dessen Elemente aufeinander abzustimmen sind. Schulgebäude und ihre Einrichtungen sollten grundsätzlich - gegen Kostenersatz - allen Bildungsinitiativen offenstehen und sollen sachgerecht, aber insgesamt möglichst intensiv genutzt werden.

Derartige Nutzungsmöglichkeiten sehen wir u.a. insbesondere in der Schaffung von Zugangsmöglichkeiten zum Internet, die zugleich von lokalen und außerschulischen InteressentInnen genutzt werden können. Weiters im Aufbau von **Bildungspartnerschaften** zwischen gewerblichen Betrieben und Einrichtungen der beruflichen Bildung, in deren Rahmen einerseits die Wirtschaft zur Beschaffung und Bereitstellung von Geräten und Anlagen beitragen kann und andererseits die Schule den Betrieben Einrichtungen und Räumlichkeiten für betriebliche Schulungen zur Verfügung stellt. Entscheidend wird sein, in diese Partnerschaften neben den staatlichen Institutionen (VHS, bfi) und WIFI auch private AnbieterInnen miteinzubeziehen.

Die Zusammenarbeit Wirtschaft - Schule ist z.B. auch durch die Erteilung von Lehraufträgen an pädagogisch geschulte Fachkräfte aus der Wirtschaft zu beleben.

Lebensbegleitendes Lernen wird künftig verstärkt auch über **Neue Medien** und Telelearning passieren. Die Gemeinde soll hier entsprechende Entwicklungen gezielt fördern, damit Wien auf diesem Gebiet zumindest im deutschsprachigen Raum einen Marktvorsprung aufbaut.

Die Zugänglichkeit der Angebote der Weiterbildung ist durch geeignete arbeitsrechtliche Maßnahmen wie Bildungsfreiheit als sinnvolle Form der Arbeitszeitverkürzung verstärkt zu unterstützen. Job-sharing und **Teilzeitbeschäftigungsmodelle,** die eine begleitende Weiterqualifikation ermöglichen, sind stärker als bisher zu fördern.

Die Maßnahmen der **Europäischen Union** zur Förderung von lebensbegleitendem Lernen müssen besser genutzt und durch breite Öffentlichkeitsarbeit bekannt gemacht werden.

Schließlich ist eine übergreifende Bildungsplanung, die vor dem Hintergrund der Globalisierung der Wirtschaft das Zusammenspiel der einzelnen Bereiche des österreichischen Bildungssystems reflektiert, anzustreben.

! Was haben Sie davon?

Gute Ausbildung und Kenntnisse, die dem aktuellen Stand der Erfordernisse auf dem Arbeitsmarkt entsprechen, sind die beste Strategie, um einen sicheren Arbeitsplatz zu haben.

Für den Einzelnen bedeutet dies einen Wettbewerbsvorteil gegenüber anderen Arbeitsuchenden. Für Wien insgesamt bedeutet ein großes Potential an gut ausgebildeten Menschen einen Wettbewerbsvorteil gegenüber anderen Metropolen und damit anderen Wirtschaftsstandorten.

Wien wird nicht in jenen Branchen erfolgreich sein, in denen mit Niedriglöhnen für ungelernte Hilfskräfte Lohndumping betrieben wird. Wien möchte seinen Wohlstand und sein hohes Lohnniveau halten. Das funktioniert nur, wenn entsprechende Fähigkeiten angeboten werden. Lebensbegleitendes Lernen ist eine der wesentlichen Strategien dafür.

Wenn die Stadt Wien in diesem Bereich effiziente Bildungsangebote setzt und die Regierenden darauf verzichten, primär ihre eigenen Interessen in parteipolitisch orientierten Instituten zu verfolgen, dann haben alle Wienerinnen und Wiener die Chance, im internationalen Vergleich zu bestehen und auf eine sichere Zukunft mit attraktiven Arbeitsplätzen bauen zu können.

5. Chancengleichheit für Frauen: mehr als ein Schlagwort

5.1. Bessere Wettbewerbsbedingungen für Frauen auf dem Arbeitsmarkt - Vereinbarkeit von Beruf und Familie für Männer und Frauen

Was ist das Problem?

?

Der Stellenwert der Frau in der modernen Gesellschaft ist von zwei sehr widersprüchlichen Entwicklungen geprägt. Die Rechte der Frauen wurden zunehmend jenen der Männer angeglichen: Frauen wurden nicht nur mit politischen Rechten ausgestattet, ihre **Position in der Familie** wurde im Rahmen der 1974 durchgeführten Familienrechtsreform der ihrer Ehemänner gleichgestellt und damit enorm aufgewertet. Die Frau ist seitdem nicht mehr dem pater familias untergeordnetes Familienmitglied, sondern gleichberechtigte Partnerin.

Und auch die **berufliche Gleichstellung** der Frau ist auf dem Papier längst zur rechtlichen Realität geworden. Zahlreiche Rechtsakte auf nationaler und europäischer Ebene und auch die Judikatur des EuGH und der österreichischen Gerichte untersagen die Diskriminierung von Frauen im Berufsleben. Die Benachteiligung bei Entlohnung, Einstellung, Aufstieg und Beendigung des Arbeitsverhältnisses ist rechtlich untersagt.

Trotz dieser evidenten rechtlichen Verbesserungen werden wir in periodischen Abständen durch Zeitungsmeldungen wie *„Lohnschere zwischen Männern und Frauen wird größer“* oder *„Das mittlere Einkommen der Frauen sank in Relation zu den mittleren Männereinkommen seit 1993 von 69,2 auf 68,3 Prozent“* beunruhigt.

Ursache dieser beobachtbaren und sich vergrößernden geschlechtsspezifischen Lohndrift ist die nach wie vor stark ausgeprägte geschlechtsspezifische **Arbeitsmarktsegregation**. Frauenerwerbstätigkeit konzentriert sich einerseits noch immer auf bestimmte Wirtschaftsbranchen (z.B. Textilindustrie), andererseits aber auch auf bestimmte Hierarchieebenen innerhalb der Unternehmen. Diese Strukturen wiederum sind verantwortlich für die noch immer existierenden beachtlichen Lohndifferenzen zwischen weiblichen und männlichen Erwerbstätigen. Weitere wichtige Faktoren für die Entwicklung der **Lohnschere** sind die Aufstiegsdiskriminierung und der überproportionale Frauenanteil bei Teilzeitarbeitsplätzen.

Weil Kinderbetreuungseinrichtungen entweder gänzlich fehlen oder deren Öffnungszeiten mit den Arbeitszeiten schlecht bis gar nicht vereinbar sind, sehen Frauen oftmals nur die Chance, einen Teilzeitarbeitsplatz zu ergreifen.

Nach wie vor liegt zudem die **Erwerbsquote der Frauen** - ein Ausfluß der weiterhin vorherrschenden strikten gesellschaftlichen Arbeitsteilung, die die Kindererziehung zur Domäne der Frauen erklärt - prinzipiell deutlich unter der der Männer. 1996 betrug sie laut einer vom BMAGS herausgegebenen vergleichenden Studie zur Lage der Frauen in der EG („Chancengleichheit und Beschäftigung in der Europäischen Union“, 1998) lediglich 59%. Im Vergleich dazu gehen aber 76% der österreichischen Männer im erwerbsfähigen Alter einer Erwerbstätigkeit nach.

Auch wird ein Gros der unqualifizierten Teilzeitjobs und der sozialrechtlich schlecht bis überhaupt nicht abgesicherten geringfügigen Beschäftigungen von Frauen ausgeübt.

Die Folgewirkungen dieser mangelhaften Integration in den Arbeitsmarkt spiegeln sich in Schlagwörtern wie „Armut ist weiblich“ oder **„Feminisierung der Armut“** wider. Tatsächlich ist Armut ein gesellschaftliches Phänomen, von dem vor allem Frauen betroffen sind. Das ist auch mit dem aufgrund von Teilzeitarbeitsplätzen geringeren Einkommen erklärbar: wer nur 25 Stunden in der Woche arbeiten kann, weil familiäre Verpflichtungen zu erfüllen sind, erhält natürlich weniger Gehalt, als wenn er/sie dem Arbeitsmarkt 40 Stunden pro Woche zur Verfügung stünde.

Aufgrund der jetzigen **Ausgestaltung des Sozialsystems,** nach dem sich Sozialleistungen (Pensionen, Arbeitslosengeld) vor allem an der Höhe des erzielten Erwerbseinkommens und der Dauer der Erwerbstätigkeit orientieren, werden Frauen aufgrund ihrer mangelhaften Integration in den Arbeitsmarkt gegenüber Männern gerade dann benachteiligt, wenn sie auf diese Sozialleistungen am meisten angewiesen sind, nämlich im Alter. Österreichweit verfügen 180.000 Frauen über keinen Pensionsanspruch. Von den 273.000 Personen, die 1995 aufgrund minimaler Rentenansprüche eine Ausgleichszulage bezogen, waren 72% weiblich.

5.1.1. Kinderbetreuung ausbauen

Da Frauen in unserer Gesellschaft nach wie vor für die Kindererziehung hauptverantwortlich sind, ist die Bereitstellung einer ausreichenden Anzahl erstklassiger Betreuungsplätze Voraussetzung für ihre (Re)Integration in den Arbeitsmarkt. Den Nutzen, den gute Kinderbetreuungseinrichtungen sowohl für Mütter als auch für Kinder mit sich bringen, zeigen erfolgreiche Entwicklungen vor allem in den nordeuropäischen Staaten - soziale Kompetenz für die Kinder und die Chance auf Selbstverwirklichung und eigenes Einkommen für die Mütter.

- **Ausbau des bestehenden Angebots:** Vor allem durch die Unterstützung von Privatinitiativen sollen ausreichende Betreuungsplätze geschaffen werden (Tageseltern-, Krippen- und Betriebskindergartenplätze sowie Betreuungsplätze an Universitäten). Insbesondere für die Altersgruppe der Ein- bis Dreijährigen fehlen nach wie vor qualitativ hochwertige Betreuungsplätze: Gegenwärtig stehen nur für 41% der Kinder dieser Altersgruppe Krippenplätze zur Verfügung. Um die bestehende Nachfrage abzudecken, müßte der Versorgungsgrad allerdings auf 55% angehoben werden. Der Ausgleich dieses Versorgungsengpasses, der durch die effektive Kürzung des bezahlten Karenzurlaubes von zwei auf eineinhalb Jahre an Gewicht gewinnt, muß eines der vorrangigen Ziele der Wiener Landespolitik werden.
- **Errichtung und Förderung von Betreuungseinrichtungen (Horten, Ganztagesschulen) für GrundschülerInnen:** Gegenwärtig werden lediglich 40 Prozent der Wiener Kinder, die allgemeinbildende Pflichtschulen besuchen, in Horten, ganztägigen Schulen oder Lern- und Freizeitklubs betreut. Da die Nachfrage nach Betreuungseinrichtungen für Kinder dieser Altersstufen aufgrund der Arbeitszeitflexibilisierungen in Zukunft weiter stark steigen wird, sind staatliche und private Betreuungseinrichtungen und der Ausbau ganztägiger Schulformen zu fördern.
- **Berücksichtigung der neuen Arbeitszeiten bei der Festsetzung der Öffnungszeiten von Betreuungseinrichtungen:**Kinderbetreuungseinrichtungen nehmen häufig keine Rücksicht auf die individuellen Arbeitszeiten der Eltern, insbesondere der Mütter. Aufgrund der Flexibilisierungen der Arbeits- sowie der Ladenöffnungszeiten und der geplanten Aufhebung des Frauennachtarbeitsverbotes wird diese Problematik aber zunehmend virulent. Zu ihrer Lösung sind die folgenden Maßnahmen zu ergreifen:

  Die **Öffnungszeiten der Kindergärten** müssen den Arbeitszeiten der Eltern angeglichen werden. Zur Zeit haben nur wenige Horte und Kindergärten bis 19.00 Uhr geöffnet. Die städtischen Kindergärten sperren im allgemeinen bereits um 17.30 Uhr zu. Da viele Frauen aber im Dienstleistungssektor beschäftigt sind und damit - nicht zuletzt aufgrund der Flexibilisierung der Ladenöffnungszeiten - häufig bis nach 19.00 Uhr arbeiten, sind die unflexiblen Betreuungszeiten ein gravierender Stolperstein in dem Bemühen, Beruf und Familie miteinander zu vereinbaren.

Das Angebot an Kinderbetreuungeinrichtungen, die auch an Wochenenden und Feiertagen geöffnet haben, muß hinsichtlich der sich ändernden Arbeitsgewohnheiten der Dienstleistungsgesellschaft ausgeweitet werden.

Mit der bevorstehenden Aufhebung des Frauennachtarbeitsverbotes wird auch die Schaffung von „Nachtkindergärten" bzw. Kindergärten mit 24stündiger Betreuung, wie sie bereits in Schweden existieren, notwendig werden. In Österreich existieren solche Einrichtungen noch kaum.

Eine flexiblere Aufnahmepraxis in Kindergärten und Krippen - und nicht nur im September, wie häufig durch den Schulbeginn bedingt noch üblich - würde es Müttern erleichtern, auch unter dem Jahr - nämlich dann, wenn ihre Karenzzeit endet, und nicht nur im September - an ihren Arbeitsplatz zurückzukehren.

- **Grundvoraussetzung für die Möglichkeit des Ausbaus: Schaffung fairer Wettbewerbsbedingungen bzw. Förderung von privaten Kinderbetreuungseinrichtungen:** Eine Gleichstellung zwischen privaten und staatlichen Kinderbetreuungseinrichtungen ist deshalb notwendig, weil eine flächendeckende öffentliche Versorgung mit Kindergartenplätzen unrealistisch erscheint und wesentlich teurer käme als eine Kooperation mit Privaten. Private Betreuungsformen besitzen demgegenüber den Vorteil erhöhter Flexibilität, ihre Angebote können stärker und besser auf die Arbeitszeiten und damit die Bedürfnisse der Eltern, aber auch ganz wesentlich auf die Bedürfnisse der Kinder abgestimmt werden. Im einzelnen müssen folgende Maßnahmen realisiert werden:

  Chancengleichheit für Privatinitiativen: Laut einer Statistik des Familienministeriums bekamen private Initiativen in Wien aus den Mitteln der „Wiener Kindergartenmilliarde" pro neuem Betreuungsplatz einen Zuschuß von S 21.473,- [1.547,- Euro]; Kindergartenplätze in einem öffentlichen Wiener Kindergarten wurden jedoch mit S 72.539,- [5.226,- Euro] subventioniert. Bei Krippenplätzen ist die Situation ähnlich. Erschwerend kommt noch hinzu, daß ein beträchtlicher Teil der an „Privatinitiativen" vergebenen Mittel an parteinahe Projektträger (Kinderfreunde, Kinder in Wien) ausbezahlt wurde. Diese Bevorzugung der gemeindeeigenen Kinderbetreuungseinrichtungen im Rahmen der Vergabe der Mittel aus der „Kindergartenmilliarde" ist ökonomisch nicht zu rechtfertigen. Auch bei der Vergabe von Kindergärten, die die Gemeinde Wien zwar selbst errichtet, aber nicht selbst betreiben will, kommen bevorzugt, ja sogar fast ausschließlich parteinahe Einrichtungen zum

Zug - die Vergabepraxis ist in keiner Weise nachvollziehbar und geht zu Lasten „echter" Privatinitiativen.

Steuerliche Absetzbarkeit von Kinderbetreuungskosten: Bis zu einem Betrag von max. S 60.000,- [4.322,- Euro] p.a. sollen Kinderbetreuungskosten steuerlich absetzbar sein. Niedrigverdiener, die nicht in den Genuß der Absetzbarkeit gelangen, sollen durch eine Negativsteuer entschädigt werden. Voraussetzung für die steuerliche Absetzbarkeit ist die sozialrechtliche Absicherung der Betreuungsperson. Der liberale Vorschlag besitzt die folgenden Vorteile: Frauen, die bis jetzt auf dem Schwarzmarkt und damit ohne soziale Absicherung arbeiteten, würden durch diese Maßnahme „legalisiert". Aus der „Umwandlung" von Schwarzarbeit in legale Arbeit kann der Staat außerdem Steuereinnahmen lukrieren.

Durch die steuerliche Absetzbarkeit für Aufwendungen zur Schaffung und Erhaltung von **Betriebskindergärten** im Ausmaß von 130% können für Unternehmen Anreize geschaffen werden, betriebliche Kinderbetreuungseinrichtungen zu errichten. Eine derartige Maßnahme scheint deshalb sinnvoll, um das in Wien derzeit bestehende Angebot von mageren 18 Betriebskindergärten, die insgesamt nur Platz für 1.500 Kinder bieten, massiv auszubauen.

Finanzielle Förderung von unterschiedlichen Betreuungsformen: Da es für Kinder - außer in Ausnahmefällen - nicht zumutbar ist, daß sie mehr als acht Stunden am Stück in einem Kindergarten verbringen, muß auch die **Kombination verschiedener Betreuungsformen** für ein Kind (z.B. vormittags im Kindergarten, fallweise an Nachmittagen und an den frühen Abendstunden bei einer Tagesmutter) finanziell unterstützt werden.

Was haben Sie davon?

!

Von Kinderbetreuungseinrichtungen in ausreichender Anzahl und Qualität profitieren alle in dieser Stadt: Vor allem Mütter hätten die effektive und nicht nur die rechtliche Möglichkeit zwischen beruflicher Karriere und Familie zu wählen, Mütter bzw. Eltern hätten die Chance sich eine Kinderbetreuungsform entsprechend ihren ganz persönlichen Bedürfnissen zu wählen anstatt sich mit dem zufriedengeben zu müssen, was die Stadtverwaltung für geeignet hält.

Wo derzeit ein durch die Förderpraxis der Gemeinde Wien nur eingeschränkter Markt seine Mechanismen eben nicht entwickeln kann, könnten sich unter geänderten Rahmenbedingungen Betreuungsformen entsprechend den sich ändernden Arbeitszeiten durchsetzen.

Gerade die starren Betreuungszeiten behindern derzeit aber eine partnerschaftliche Aufteilung der Versorgungspflichten: Tendenziell sind es nach wie vor die Frauen, die für die Abholung der Kinder zuständig sind und die dadurch Einschränkungen in der beruflichen Karriere hinnehmen müssen. Gäbe es flexiblere Möglichkeiten, wäre keiner der Partner gezwungen, berufliche Einbußen in Kauf zu nehmen.

Unter diesen Voraussetzungen profitierten schließlich auch die Kinder: Ihre Eltern/Mütter wären nicht ewig abgehetzt und im Dauerstreß und die mit den Kindern verbrachte Zeit würde intensiver und konzentrierter erlebt werden. Es ist nicht einzusehen, warum Eltern, die nachmittags und abends berufstätig sind, ihre Kinder schon am Vormittag in den gemeindeeigenen Kindergarten bringen müssen, dafür aber am späten Nachmittag keine Betreuung mehr erwarten können.

Nicht nur die Arbeitszeiten der meisten Eltern haben sich geändert - auch die Arbeitszeiten der KindergärtnerInnen werden sich ändern müssen, wenn man den Bedürfnissen der meisten Eltern entgegen kommen will.

5.1.2. Attraktivierung der Karenzzeit für Väter und Verlängerung der Karenzzeit für AlleinerzieherInnen

? Was ist das Problem?

Lange Karenzzeiten wirken sich nachweislich nachteilig auf die berufliche Karriere aus. Frauen, die die Karenzzeit alleine konsumieren, verlieren meist den Kontakt mit ihrem beruflichen Umfeld. Eine Möglichkeit, dem entgegenzuwirken, besteht darin, Männer vermehrt zur Inanspruchnahme ihres Teils der Karenzzeit zu motivieren. Langfristig hätte eine solche Entwicklung auch den Vorteil, daß ArbeitgeberInnen vermehrt mit der Inanspruchnahme der Karenzzeit durch Väter rechnen müßten; damit könnte eine Bevorzugung von Männern am Arbeitsmarkt aus dem Grund der Nichtinanspruchnahme der Karenzzeit hintan gehalten werden.

* Welche Lösungen bieten wir an?

- **Väter müssen einen unabhängigen Rechtsanspruch auf Karenz erhalten.** Bis jetzt können Väter nur dann in Karenz gehen, wenn die Mutter des Kindes einen Anspruch auf Karenz erworben hat und auf diesen verzichtet oder keinen erworben hat, infolge von Erwerbstätigkeit allerdings an der Betreuung des Kindes verhindert ist. Ob der Vater dieselben Anspruchsvoraussetzungen erfüllt wie die Mutter, ist nach derzeitiger Gesetzeslage irrelevant, er hat grundsätzlich nur einen von der Mutter abgeleiteten Anspruch. Auch wenn man sich nicht der Illusion hingeben soll, daß eine solche legistische Änderung sofort zu einer vermehrten Väterkarenz führt, wäre es aber immerhin ein wichtiges Signal in Richtung gleiche Aufgabenverteilung von Frauen und Männern. Zudem ist eine derartige Änderung der österreichischen Rechtslage unumgänglich, um den Bestimmungen der Richtlinie (96/34/EG) des Rates über den Elternurlaub und damit dem EG-Recht zu entsprechen.

- **Berechnung des Karenzgeldes als Prozentsatz vom Erwerbseinkommen.** Welcher Elternteil Karenz in Anspruch nimmt, ist sehr häufig auch eine finanzielle Entscheidung. Der Einkommensverlust ist aufgrund der jetzigen Fixsatzregelung dann geringer, wenn der schlechter verdienende Elternteil zu Hause bleibt. Das sind in der Regel die Frauen. Um stärkere Anreize für Männer zu setzen, ihre Kinder zu betreuen, soll das Karenzgeld für berufstätige Eltern künftig als Prozentsatz des Erwerbseinkommens (80%) - selbstverständlich unter Berücksichtigung einer Höchstbemessungsgrundlage - berechnet werden.
- **Erhöhung des Karenzgeldanspruches für Alleinerzieherinnen auf zwei Jahre**. Für Geburten ab dem 1.7. 1996 können Frauen nur mehr achtzehn Monate bezahlte Karenz in Anspruch nehmen. Die bezahlte Karenzzeit von zwei Jahren bleibt prinzipiell zwar aufrecht, allerdings nur dann, wenn der zweite Elternteil - in der Mehrzahl der Fälle wohl der Kindesvater - die restlichen sechs Monate für sich in Anspruch nimmt. Dieses Modell ist insofern sinnvoll, als es damit Anreize für Männer schafft, sich vermehrt den Aufgaben der Kindererziehung zu widmen. Bedauerlicherweise wird der Großteil der Alleinerzieherinnen von dieser Bestimmung aber benachteiligt. Ihnen stehen seitdem nur mehr 18 Monate bezahlter Karenz zu. Da sich Alleinerzieherinnen ohnehin mit einer Vielzahl sozialer und wirtschaftlicher Schwierigkeiten konfrontiert sehen, muß ihr Karenzgeldanspruch wieder auf zwei Jahre angehoben werden. Ein solches Verlangen wird zudem zur Zeit vom Verfassungsgerichtshof geprüft.

Was haben Sie davon?

!

Der Nutzen einer Attraktivierung der Karenzzeit für Väter liegt auf der Hand: das Karrierehindernis Nummer Eins für Frauen, nämlich die vom Arbeitgeber bewußt oder unbewußt befürchtete 'Flucht' in die Karenz, wäre nicht mehr weiblich definiert - vielmehr müßte jeder Arbeitgeber damit rechnen, daß jeder der beiden Elternteile Karenzzeit in Anspruch nehmen kann. Profitieren würden alle Beteiligten: Frauen stießen nicht mehr so rasch an die gläserne Decke, Männer hätten die reale - ohne unüberwindliche Einkommensverluste beeinträchtigte - Chance sich auch der Erziehungsarbeit zu widmen, und Kinder würden von einer stärkeren partnerschaftlichen Aufteilung der Familienpflichten jedenfalls profitieren.

5.1.3. Förderung von flexiblen Arbeits(zeit)formen

? Was ist das Problem?

Starre Arbeitszeiten in Kombination mit starren institutionellen Kinderbetreuungszeiten sind zwei Hauptgründe, warum es gerade Frauen noch immer häufig unmöglich ist, Karriere und Familie zu vereinbaren. Niemand will der KAPOVAZ (kapazitätsorientierte variable Arbeitszeit) das Wort reden, aber individuelle Vereinbarungen in beiderseitigem (Arbeitgeber-Arbeitnehmer) Einverständnis werden in Zukunft immer häufiger zu finden sein. Die entsprechenden Rahmenbedingungen zu bewerben und Firmen, die hier Vorreiter sind, Mut zu machen ist eine Herausforderung für die nächsten Jahre.

* Welche Lösungen bieten wir an?

Förderung von Maßnahmen zur betrieblichen Arbeitszeitflexibilisierung durch gezielte Öffentlichkeitsarbeit

Flexible, auf die Bedürfnisse der ArbeitnehmerInnen und ihrer Familienangehörigen angepaßte Arbeitszeiten stellen eine wesentliche Voraussetzung für die Vereinbarkeit von Familie und Karriere dar. Solche Maßnahmon kommen aber aufgrund der traditionellen Rollenaufteilung nach wie vor vor allem weiblichen ArbeitnehmerInnen zugute.

Von der durch diese Maßnahmen erzielbaren erhöhten **Mitarbeiterzufriedenheit** und -motivation profitieren aber auch die Betriebe. Um vermehrt Unternehmen dafür zu gewinnen, ihren MitarbeiterInnen flexible Arbeitszeitmodelle und insbesondere „Zeitbanken“ anzubieten, müssen zuerst die Vorteile und rechtlichen Rahmenbedingungen derartiger Maßnahmen publik gemacht werden.

Es wäre eine lohnende und sich langfristig jedenfalls rechnende Aufgabe für die Stadtverwaltung bzw. für entprechende Fonds und ähnliche Institutionen (WAFF, WWFF.) **Informationsbroschüren** aufzulegen, eine Hotline einzurichten oder entsprechende Seminare anzubieten. Des weiteren müssen die Erfahrungen inländischer und ausländischer Betriebe, die eine Vorreiterrolle auf dem Gebiet einnehmen, durch öffentlichkeitswirksame Preisverleihungen und deren mediale Umsetzung einer breiten Öffentlichkeit zugänglich gemacht werden.

Erleichterung der Beantragung von Karenzzeit und Teilzeitkarenz

Bis dato werden karenzwillige Väter bzw. Eltern, die die Kindererziehung partnerschaftlich teilen möchten, durch eine Reihe rigider **Beantragungsfristen** in ihrem Vorhaben behindert. So müssen beispielsweise Väter bzw. Eltern, die den Karenzurlaub oder die Teilzeitkarenz gemeinsam beanspruchen, dies ihrem Arbeitgeber spätestens vier Wochen nach der Geburt des Kindes bekanntgeben.

Außerdem kann die Karenzzeit, wenn beide Elternteile sie gemeinsam konsumieren möchten, grundsätzlich **nur einmal geteilt** werden. Spätere Änderungen der unmittelbar nach der Geburt und damit in einem Zeitraum besonderer Streßanfälligkeit getroffenen Entscheidung sind nach der geltenden Rechtslage nicht möglich.

Um Eltern mehr Zeit zur Überlegung dieser wichtigen Entscheidungen zu geben, sind die bis jetzt auf vier Wochen nach der Entbindung beschränkten Beantragungsfristen allgemein auf acht Wochen auszuweiten.

Des weiteren sollen Eltern durch eine generelle **Flexibilisierung** der Bestimmungen des Mutterschutz- und Elternkarenzurlaubsgesetzes die Möglichkeit erhalten, ihre unmittelbar nach der Geburt getroffenen Entscheidungen auch im nachhinein - mit Einverständnis des Arbeitgebers - noch revidieren zu können.

Haben die Eltern sich beispielsweise dazu entschieden, daß die Mutter während des ersten Lebensjahres des Kindes Karenz beansprucht und im Anschluß gemeinsam mit dem Vater Teilzeitkarenz konsumiert werden soll, muß dieser Entschluß später noch korrigierbar sein.

Zudem muß es Eltern offenstehen, die Karenzzeit entsprechend ihren eigenen und den Bedürfnissen ihrer Kinder **öfter als einmal zu wechseln.** Voraussetzung für diese skizzierte Option bleibt allerdings, daß die jeweiligen Arbeitgeber diesen Änderungen zustimmen.

Finanzielle Anreize für UnternehmerInnen zur Gewährung von Teilzeitkarenz

Laut österreichischem Arbeitsrecht können Eltern anstelle eines Karenzurlaubes auch Teilzeitkarenz konsumieren, der Arbeitgeber muß dem allerdings zustimmen. Die Teilzeitkarenz bietet den Vorteil, daß anstatt der 1½ Jahre dauernden durchgehenden Karenzzeit eine flexible Lösung gewählt werden kann.

Nach einer halbjährigen „Ganzkarenzlösung“ kann so z.B. das verbleibende Jahr auf zwei Jahre 'gestreckt' werden, wenn daneben die Berufstätigkeit wieder aufgenommen wird. Eltern haben damit die Möglichkeit, zwar weniger Zeit „am Stück“, dafür aber länger Karenzgeld in Anspruch zu nehmen, wenn sie gleichzeitig auch wieder - eingeschränkt - bei ihrem alten Arbeitgeber berufstätig sind.

Unternehmen müssen daher durch die Gewährung finanzieller Anreize dazu angehalten werden, ArbeitnehmerInnen vermehrt die Möglichkeit einer Teilzeitkarenz zu eröffnen. Praktisch sollte das durch die Etablierung eines **Bonus-Systems** realisiert werden: Arbeitgeber erhalten für jene ArbeitnehmerInnen, die sich in Teilzeitkarenz befinden, die Dienstgeberbeiträge zum Familienlastenausgleichsfonds refundiert.

Ermöglichung des Zuverdienstes bis zu S 7000.- [504,- Euro] während der Karenzzeit

Verdienen Frauen, die sich in Karenz befinden, sich jedoch nicht für ein Teilzeitkarenzmodell entschieden haben, mehr als S 3.830,- [276,- Euro] (= Geringfügigkeitsgrenze) monatlich - für Erwerbseinkommen aus einer kurzfristigen, vorübergehenden Beschäftigung gilt seit 1.1.1998 eine neue Zuverdienstregelung – verlieren sie automatisch ihren Anspruch auf das Karenzgeld.

Diese Regelung wird vor allem dann schlagend, wenn Frauen - aus welchen Gründen auch immer - Kontakte zu „neuen" Arbeitgebern aufbauen wollen. Diese Gegenrechnung von Karenzgeld und Erwerbseinkommen führt dazu, daß regelmäßige Erwerbsarbeit über der Geringfügigkeitsgrenze während der Karenzzeit - zumindestens aus finanzieller Perspektive - an Attraktivität verliert. Durch Anhebung der Zuverdienstgrenze für Karenzierte auf S 7.000,- [504,- Euro] sollen Frauen dazu motiviert werden, während der Karenzzeit auch neue Arbeitsfelder kennenzulernen.

! Was haben Sie davon?

Durch flexiblere Arbeitszeitformen wird die Vereinbarkeit von Beruf und Familie erleichtert. Der Ausbau der Kinderbetreuung und die Attraktivierung der Karenz auch für Männer sind nur zwei Steinchen aus einem Mosaik von notwendigen Maßnahmen - allen diesen Forderungen zugrunde liegt jedoch die Basisforderung nach der Möglichkeit einer flexibleren Arbeitszeitgestaltung sowie die Forderung nach der Möglichkeit, Arbeit und Karenz besser zu verbinden.

Dafür müssen einerseits die rechtlichen Rahmenbedingungen geschaffen, andererseits aber auch ausreichend bewußtseinsbildende Arbeit geleistet werden. Käme die öffentliche Hand dieser Aufgabe in ausreichendem Maße nach, dann bedeuteten Kinder keinen Karriereknick mehr

MitarbeiterInnenzufriedenheit ist ein Faktor, der vor allem durch Maßnahmen der individuellen Arbeitszeitflexibilisierung erreicht werden kann. Zufriedene MitarbeiterInnen wiederum sind zumeist eine Garantie für das Florieren eines Betriebes.

5.2. Mehr Geld für Frauen

Was ist das Problem? ?

Obwohl rein rechtlich betrachtet keine Benachteiligungen von Frauen am Arbeitsmarkt mehr stattfinden dürften, ist zumindest eines evident: Fraueneinkommen sinken im Vergleich zu Männereinkommen konstant, antstatt daß sich hier eine Annäherung abzeichnet.

Die **Lohnschere** zwischen Frauen und Männern wird tatsächlich größer anstatt kleiner. Die Ursachen dafür sind vielfältig - die angebotenen Schlagworte bereits abgedroschen, aber nach wie vor nicht umgesetzt: Gleicher Lohn für gleichwertige Arbeit wird sich - wie die Zahlen beweisen - nicht von selbst einstellen, Ziel einer effizienten Wirtschaftspolitik, in der auch Frauen ihre Chancen gleichberechtigt wahrnehmen können, ist es daher, konkrete Maßnahmen einzufordern.

Welche Lösungen bieten wir an? *

5.2.1. Neubewertung der Arbeit

Sehr häufig werden für männliche Berufe typische physische/psychische Belastungen (z.B. Belastung der Muskelkraft; Hitze, Lärm etc.) in Kollektivverträgen oder Arbeitsbewertungssystemen pekuniär gesondert abgegolten. Für viele weibliche Berufe charakteristische Beanspruchungen (z.B. Monotonie-Fließbandarbeit; Fingerfertigkeit, hohe Konzentrationsfähigkeit etc.) finden demgegenüber keine zufriedenstellende Berücksichtigung. Regelmäßige Evaluierungen geltender Kollektivverträge und gängiger Arbeitsbewertungssysteme im Hinblick auf mögliche diskriminierende Auswirkungen sind eine Aufgabe, die die Kollektivvertragspartner durchführen müßten. Aufgabe der Politik muß es sein, genau eine solche Evaluierung und Neubewertung deutlich und hartnäckig einzufordern.

5.2.2. Umverteilung zwischen männer- und frauendominierten Wirtschaftsbranchen via Kollektivvertragsverhandlungen

Eine derartige Maßnahme ist deshalb notwendig, weil ein Großteil der nach wie vor beträchtlichen Differenzen zwischen männlichen und weiblichen Löhnen und Gehältern nur zum Teil auf direkte Lohndiskriminierungen zurückzuführen ist. Großteils stecken indirekte Diskriminierungen dahinter. Frauen arbeiten traditionellerweise in Niedriglohnbranchen. Des weiteren ist der Trend zu beobachten, daß die Entlohnung für Branchen dann sinkt, wenn der Frauenanteil steigt.

5.2.3. Paritätische Besetzung der Betriebsräte

Betriebsvereinbarungen, Sozialpläne etc. bilden einen wichtigen Bestandteil des österreichischen Arbeitsrechtes. Solange sie aber ausschließlich bis großteils von Männern ausverhandelt werden, ist zu befürchten, daß die legitimen Interessen der in den Unternehmen beschäftigten Frauen nicht ausreichend berücksichtigt werden. Frauen müssen deshalb entsprechend ihrem Anteil an den ArbeitnehmerInnen des Unternehmens in Betriebsräten vertreten sein.

5.2.4. Ausbildungsoffensive für Frauen, vor allem in technischen Berufen

Bis dato ergreifen 80% der Mädchen lediglich zehn Lehrberufe. An der Universität zeigt sich ein vergleichbares Bild: nur 4,3% der StudentInnen der Fachrichtung Maschinenbau sind weiblich. Durch gezielte Öffentlichkeitsarbeit, Berufsorientierungskurse und eine verbesserte LehrerInnenausbildung für Koedukation soll eine Diversifizierung der Berufswahl von Mädchen und Frauen erreicht werden.

5.2.5. Abschwächung des Senioritätsprinzipes

Das in vielen Kollektivverträgen verankerte Senioritätsprinzip bewirkt, daß lange Betriebszugehörigkeit durch die periodisch vorgesehene Vorrückung in eine höhere Lohngruppe finanziell belohnt wird. Aufgrund der unterschiedlichen geschlechtsspezifischen Erwerbsbiographien wirkt dieses Prinzip diskriminierend.

Konsumierte Karenzzeiten werden nicht als Zeiten der Betriebszugehörigkeit gerechnet, Frauen „sammeln" daher aufgrund familiärer Betreuungspflichten generell weniger Erwerbsjahre als ihre männlichen Kollegen. Durch dieses an der Dauer der Betriebszugehörigkeit orientierte Entlohnungsschema werden Frauen gegenüber Männern benachteiligt.

Eine Angleichung der Anfangs- und Endgehälter, d.h. eine Abflachung der Lebenseinkommenskurve durch die Bezahlung höherer Einstiegs- und geringerer Endgehälter, wäre eine effektive Maßnahme zur Beschränkung des Senioritätsprinzips. Eine Veränderung des Senioritätsprinzips käme aber nicht nur Frauen zugute, vielmehr gibt es eine Reihe von Vorteilen, die damit verknüpft wären: beispielsweise sei nur der Effekt auf die Altersarbeitslosigkeit angesprochen.

5.2.6. Kollektivvertraglich ausverhandelte Lohnerhöhungen sollen als Fixbetrag und nicht als Prozentsatz festgelegt werden

Diese Vorgangsweise bietet den Vorteil, daß niedrige Erwerbseinkommen überproportional erhöht werden. So würde eine Lohnerhöhung um S 500,- [36,- Euro] ein monatliches Erwerbseinkommen von S 10.000,- [720,- Euro] um 5% anheben, ein Erwerbseinkommen von S 50.000,- [3.602,- Euro] dagegen nur um 1%. Aufgrund der nach wie vor niedrigeren Erwerbseinkommen würden vor allem Frauen von einer solchen Maßnahme profitieren. Vorstellbar wäre auch eine Kombinationen von fixer und prozentmäßiger Lohnerhöhung.

Was haben Sie davon?

!

Wenn die Lohnschere endlich kleiner statt größer würde, wenn daher der Arbeit der Frauen endlich der Wert beigemessen und ausbezahlt würde, der - hätten wir nicht ein anachronistisches System - ihr zustünde, dann wären viele gesellschaftspolitische Fragen in einem anderen Licht zu sehen.

Die Forderung nach 'Halbe-Halbe' wird erst dann auf Gegenliebe stoßen, wenn die bezahlte Arbeit der Frauen den gleichen Lohn bringt wie die des Mannes. Gäbe es eine ausgeglichene Einkommensstruktur, dann wäre z.B. das Argument, daß Männer deswegen nicht in Karenz gehen, weil die Einkommensverluste zu groß wären, vom Tisch.

Auch die generelle Frage der Kinderbetreuung im weitesten Sinn wäre anders zu beantworten, wenn die Arbeit der Frauen gleiches Geld brächte, wie die der Männer. Die gesamte Gesellschaft würde profitieren, wenn es gleiche Chancen - sowohl im Beruf als auch im Familienleben - für Männer wie für Frauen gäbe.

'Halbe-Halbe' kann nicht verordnet werden, vielmehr ist es Aufgabe der Politik solche Rahmenbedingungen zu schaffen, daß 'Halbe-Halbe' gelebt werden kann. Dies wird jedoch nur dann gelingen, wenn die geschlechtsspezifische Lohndrift reduziert wird.

5.3. Bessere Durchsetzung der Ansprüche aus dem Gleichbehandlungsgesetz

? Was ist das Problem?

Frauen haben zur Zeit nur sehr karge Möglichkeiten, erfahrenes Unrecht im Sinn des Gleichbehandlungsgesetzes 'einzuklagen'. Einerseits ist der Zugang zum Recht noch sehr hürdenreich - die personelle und regionale Ausstattung der Gleichbehandlungsstellen ist bei weitem nicht ausreichend – andererseits sind die Sanktionen für Betriebe, die Frauen benachteiligen – derart lächerlich, daß viele Frauen den Weg zu ihrem Recht auch deshalb scheuen, weil die Mühe in keinem Verhältnis zur zu erwartenden Sanktion steht.

Gerade um bewußtseinbildend zu wirken, ist es jedoch notwendig, betroffene Frauen zu ermutigen, bei erlittenem Unrecht jederzeit wieder ihr Recht einzufordern - und um dazu Mut zu machen, müssen die Rahmenbedingungen geändert werden.

* Welche Lösungen bieten wir an?

5.3.1. Mehr Personal für die Gleichbehandlungsanwaltschaft

Der Gleichbehandlungsanwaltschaft stehen zur Bewältigung der ihr laut Gleichbehandlungsgesetz zugewiesenen Aufgabe der Beratung und Unterstützung von ArbeitnehmerInnen lediglich zwei Akademikerinnen zur Verfügung.

Diese sind für das gesamte Bundesgebiet zuständig. Das ist angesichts der Anzahl der Beschwerdefälle entschieden zuwenig - eine personelle Entlastung der Gleichbehandlungsanwaltschaft scheint daher dringend geboten. Des weiteren müssen in allen Bundesländern - und nicht nur, wie bisher beabsichtigt, in Tirol - zwingend Regionalbüros errichtet werden. Auch diese Maßnahme gewährleistet eine personelle Entlastung der Gleichbehandlungsanwaltschaft.

5.3.2. Graduelle Umkehr der Beweislast

Zur Zeit liegt die Beweislast noch bei der Arbeitnehmerin (§ 2a (9) Gleichbehandlungsgesetz). Sie muß glaubhaft machen, daß der Arbeitgeber eine **Diskriminierung begangen** hat.

Diese rigide Bestimmung des Gleichbehandlungsgesetzes soll dahingehend geändert werden, daß zukünftig von der Arbeitnehmerin nur die **Vermutung einer unmittelbaren oder mittelbaren Diskriminierung** glaubhaft gemacht werden muß.

Die Beweisführung, daß keine Verletzung des Gleichbehandlungsgrundsatzes vorgelegen hat, obliegt dann dem Arbeitgeber. Mit einer solchen Maßnahme könnte die Durchsetzung von Rechtsansprüchen aus dem Gleichbehandlungsgesetz einerseits wesentlich vereinfacht werden, andererseits muß das Glaubhaftmachen einer vermuteten Diskriminierung so konkret sein, daß auch dem Arbeitgeber keine unzumutbaren **Schikanen erwachsen können.**

5.3.3. Erhöhung der Schadensersatzansprüche bei Verletzungen des Gleichbehandlungsgebotes

Ein Unternehmen, das dem Gleichbehandlungsgesetz zuwider handelt und Frauen im Falle der Begründung des Arbeitsverhältnisses oder des beruflichen Aufstieges gegenüber Männern benachteiligt, hat bislang mit lächerlich geringen „Strafen" zu rechnen.

Im Falle der diskriminierenden Nichtbegründung eines Arbeitsverhältnisses sieht das Gleichbehandlungsgesetz einen Schadenersatz im Höchstausmaß von zwei Monatsentgelten vor. Wurden mehrere BewerberInnen diskriminiert, ist dieser Beitrag zudem anteilsmäßig auf sie aufzuteilen. Zur Unterstützung des wichtigen Anliegens der Gleichbehandlung von Männern und Frauen ist das Höchstausmaß der Schadenersatzansprüche auf sechs Monatsentgelte anzuheben.

Was haben sie davon? !

Frauen einen fairen Zugang zu ihren Rechten zu ermöglichen, ist eine Forderung, deren Nutzen eigentlich nicht näher beschrieben werden muß. Vielmehr ist es in Wahrheit ein Skandal, daß dieser Zugang zum Recht derzeit noch sehr hürdenreich ist.

Jede Maßnahme, die der Durchsetzung des Gleichbehandlungsgesetzes dient, dient gleichzeitig dazu, in diesem Land langfristig ein Klima zu erzeugen, das für alle Menschen gleiche Chancen bringt.

5.4. Umgestaltung des frauenfeindlichen Sozialsystems

? Was ist das Problem?

Das österreichische Sozialsystem ist an einer durchschnittlichen männlichen **Erwerbsbiographie der 50er Jahre** orientiert: Wer als Mann einen Job hatte, behielt diesen gleichen Job in der Regel bis zur Pension und hatte auch keine familienbedingten Unterbrechungen der Berufslaufbahn. Alle Sozialleistungen wurden rund um diese idealtypische Erwerbsbiographie gestaltet.

Mittlerweile sind knappe 50 Jahre vergangen, Erwerbsbiographien sind nicht mehr das, was sie einmal waren und das Sozialsystem kann daher nicht mehr das leisten, wofür es geschaffen wurde, nämlich eine hinreichende soziale Absicherung.

Gerade Frauen sind von dieser Unzulänglichkeit des bestehenden Systems massiv betroffen, ähnelt ihr Arbeitsleben doch am allerwenigsten einer männlich orientierten Normalerwerbsbiographie der 50er Jahre.

Hier ehrliche, neue Antworten zu suchen, anstatt Vogelstraußpolitik zu betreiben und das **Denken in Legislaturperioden** zum Programm zu erheben, ist eine drängende politische Herausforderung. Klar ist, daß ein so vernetztes System wie das österreichische Sozialversicherungsrecht nicht von heute auf morgen radikal geändert werden kann, klar ist aber auch, daß die richtigen Weichen bereits heute gestellt werden müssen.

* Welche Lösungen bieten wir an?

5.4.1. Entkoppelung von Karenzgeldanspruch und Arbeitslosenversicherung

Gegenwärtig ist der Anspruch auf Karenzgeld - von einigen wenigen Ausnahmen abgesehen - prinzipiell an den vorherigen Bestand eines arbeitslosenversicherungspflichtigen Arbeitsverhältnisses gebunden.

Frauen, die noch keine Gelegenheit hatten, die notwendigen **Versicherungszeiten** zu erwerben (z.B. Schülerinnen/Studentinnen, aber auch erst kurz im Erwerbsleben stehende Frauen, Freiberuflerinnen und neue Selbständige), 'fallen' aus dem System.

Das Karenzgeld, das als familienpolitische Versicherungsleistung bezeichnet wird - diese Bezeichnung ist an sich schon absurd - und die Betreuung eines Kleinkindes in den ersten Lebensmonaten durch einen Elternteil sicherstellen soll, ist also nur für Personen, die ausreichend lang im Erwebsleben standen, verfügbar. Auch aufgrund der sich ändernden Erwerbsbiographien (z.B. langes, mit bescheidenem Hinzuverdienst selbst finanziertes Studium) erscheint eine Entkoppelung von Karenzgeldanspruch und Arbeitslosenversicherung dringend geboten.

Nur so könnten **alle Eltern** in den Genuß eines Karenzgeldes kommen. Personen, die noch nicht in das Erwerbsleben eingebunden waren bzw. Selbständige erwerben mit der Elternschaft Anspruch auf ein Karenzgeld in der Höhe der Ausgleichszulage.

5.4.2. Keine Anrechnung des Partnereinkommens auf Notstandshilfe und Ausgleichszulage

Soziale Transferleistungen wie Notstandshilfe und Ausgleichszulage sind familienorientiert. Das heißt, daß bei der Ermittlung der Anspruchsberechtigung und der auszubezahlenden Höhe das Einkommen des Partners angerechnet wird.

Eine solche Vorgangsweise ist aus zweierlei Gründen problematisch. Einerseits führt die Anrechnung des Einkommens des Lebenspartners auf Notstandshilfe und Ausgleichszulage dazu, daß Frauen aufgrund des generell höheren Verdienstes der Männer nur unter erschwerten Voraussetzungen in den Genuß dieser sozialpolitischen Leistungen gelangen.

Andererseits geht sie von der Vorstellung aus, daß Ressourcen innerhalb der Familie gerecht geteilt werden. Ob das tatsächlich der Fall ist, ist ungewiß, da bisher noch keine wissenschaftlichen Untersuchungen zu diesem Thema existieren. Jedenfalls scheint es systemimmanent unlogisch und tendenziell frauenfeindlich, eine Versicherungsleistung abhängig vom Einkommen des Partners zu machen.

5.4.3. Verbesserung der gesetzlichen Bestimmungen zur Teilzeitarbeitslosigkeit

Nach den neuen gesetzlichen Bestimmungen werden das Arbeitslosengeld bzw. die Notstandshilfe bei vorübergehendem, über der Geringfügigkeitsgrenze liegendem **Zwischenverdienst** nicht mehr ersatzlos gestrichen, sondern nur mehr reduziert.

Diese Novellierung ist grundsätzlich zu begrüßen, weil Arbeitslose damit finanzielle Anreize für die Annahme einer Teilzeitbeschäftigung erhalten. Nicht einzusehen ist allerdings, wieso diese Regelung nur dann gilt, wenn der Zuverdienst aus einer vorübergehenden Erwerbstätigkeit stammt. Eine **unbefristete Erwerbstätigkeit** oder eine befristete Erwerbstätigkeit, die zwei Monate übersteigt, dürfen laut derzeitigem Gesetzestext nicht vorliegen.

Aufgrund der positiven arbeitsmarktpolitischen Effekte der 'Hinzuverdienstregelung' sollte die 'Zwischenverdienstmöglichkeit' auch dann gegeben sein, wenn es sich um eine längerfristige Erwerbstätigkeit handelt.

Die Annahme eines Zwischenverdienstes ist allerdings mit einem Jahr bzw. bei Arbeitslosen mit Unterhaltspflichten mit zwei Jahren zu beschränken.

Die Vorteile einer derartigen Novellierung des rechtlichen Status quo liegen auf der Hand: Zum einen wird die Arbeitslosenversicherung tendenziell entlastet - schließlich wird nur mehr ein Teil des Arbeitslosengeldes ausbezahlt -, zum anderen können arbeitslose Frauen und Männer über einen Zwischenverdienst Kontakte mit möglichen zukünftigen Arbeitgebern schließen, ohne daß sie dadurch finanzielle Nachteile erleiden. Da Frauen in zunehmendem Ausmaß immer stärker von Arbeitslosigkeit betroffen sind, wäre diese Maßnahme eine von der gerade Frauen besonders profitieren könnten.

5.4.4. In einer langfristigen Perspektive: Einführung einer Grundsicherung

Das derzeitige Sozialsystem orientiert sich an einem Arbeitsbegriff, der nicht mehr der Realität entspricht. Das österreichische Sozialversicherungsrecht ist zu einem Flickwerk, die individuelle sozialrechtliche Absicherung zu einem 'Glücksritt' geworden.

Statt soziale Sicherheit im Sozialversicherungsrecht erwarten zu können, werden immer mehr Arbeitslose zu Notstandshilfe- oder Sozialhilfebeziehern degradiert. Um diese zunehmende Stigmatisierung - die zudem enormen gesellschaftspolitischen Sprengstoff in sich birgt - , hintan zu halten, ist es notwendig, die Weichen hin zu einer **Grundsicherung** - im Gegensatz zum moralisierenden Sozial(versicherungs)-recht - zu stellen.

Die sozialrechtliche Absicherung muß verstärkt Rücksicht auf die besonderen Betreuungspflichten nehmen, denen zum Großteil noch immer Frauen unterliegen. Das ist im gegenwärtigen Sozialversicherungsrecht aber eben nicht der Fall.

Das österreichische Sozialversicherungssystem kann in seinen Effekten nur als diskriminierend bezeichnet werden. Die Erwerbsverläufe von Frauen sind aufgrund von sozialen und familiären Betreuungspflichten nämlich in den seltensten Fällen kontinuierlich.

Längere Unterbrechungen oder Teilzeitbeschäftigungen aufgrund von Kindererziehung oder der Pflege kranker Angehöriger sind sehr oft Bestandteil weiblicher Erwerbsverläufe. Diese gesellschaftlich notwendigen Arbeiten führen letztlich also dazu, daß **Frauen sozialrechtlich benachteiligt** werden.

Sie erhalten durchschnittlich - wenn überhaupt - geringere sozialversicherungsrechtliche Leistungen als Männer; diese reichen sehr oft nicht einmal zur Abdeckung der nötigsten Lebenserhaltungskosten. Frauen bleibt in diesen Fällen nur mehr der Ausweg, Sozialhilfe zu beanspruchen. Sie werden damit - als 'Dank' für ihr soziales Engagement - zu Bittstellerinnen des Sozialstaates degradiert.

Will man die skizzierten Diskriminierungen aufheben, ist eine **Umgestaltung des österreichischen Sozialsystems** unumgänglich. Ein nicht diskriminierendes Sozialsystem darf seine Leistungen nicht an Erwerbsverläufe koppeln.

Technisch kann diese Bedingung durch die Einführung einer Grundsicherung realisiert werden. Jeder Österreicher und jede Österreicherin hat - unabhängig davon, ob und wie sie in den Arbeitsmarkt integriert sind - Anspruch auf einen monatlichen Grundbetrag von rd S 8.000,- [576,- Euro]. Je nach Höhe des jeweiligen Erwerbseinkommens wird dieser Betrag ganz oder teilweise durch die Steuer kompensiert, wer keiner Arbeit nachgehen kann, dem wird dieser Betrag voll ausgezahlt. Zudem gibt es relativ hohe steuerfreie Hinzuverdienstgrenzen, so daß Arbeit - im Gegensatz zum jetzigen Sozialsystem - attraktiv bleibt.

Was haben sie davon?

!

Alle Maßnahmen, die dazu dienen, daß Personen eine Arbeit auch dann ohne Einkommensverluste annehmen können, wenn diese relativ 'schlechter' entlohnt wird oder keine Ganztagsbeschäftigung ist, bringen den Nutzen, daß einerseits Langzeitarbeitslosigkeit verhindert wird, andererseits aber auch die Kassen der Arbeitslosenversicherung geschont werden.

Die Kombination von Arbeitseinkommen und Sozialleistung - wie auch in der Teilkarenz oder der Gleitpension möglich - ist ein Modell, das Zukunft hat. Sozialpolitik der Zukunft darf nicht mehr nur auf jene Personen abzielen, die das Glück hatten, Teil des Systems zu werden, vielmehr muß der Solidaritätsbegriff weiter gefaßt werden. Langfristig geht es darum, alle Maßnahmen zu unterstützen, die hin zu einer Grundsicherung der Menschen führen: Jeder - unabhängig von erworbenen Versiche-

rungszeiten - hat Anspruch auf ausreichende Unterstützung, wenn er dieser bedarf. Dies gilt gerade auch für Frauen.

Die sozialrechtliche Absicherung muß Rücksicht nehmen auf die besonderen Betreuungspflichten, denen Frauen unterliegen. Das ist gegenwärtig nicht der Fall, da grundsätzlich nur Erwerbsarbeit und hier vor allem Normalarbeits(zeit)verhältnisse - also kontinuierliche Vollzeitbeschäftigungen - sozialrechtlich optimal abgesichert sind. Je mehr ein Arbeitnehmer verdient, desto höher sind seine künftigen Sozialversicherungsleistungen.

Für Frauen zieht das Modell der Grundsicherung eine Reihe von evidenten Vorteilen nach sich: Geringfügig Beschäftigte werden mit Einführung einer Grundsicherung automatisch abgesichert, ohne daß sich ihre Nettolöhne reduzieren. Für ArbeitgeberInnen werden geringfügig Beschäftigte dadurch zudem nicht kostspieliger, so daß der Anreiz, 'offizielle' geringfügige Arbeitsplätze zu schaffen auch nicht sinkt.

Frauen, die aufgrund familiärer Betreuungspflichten kurzfristig aus dem Arbeitsmarkt ausscheren bzw. Teilzeitbeschäftigungen annehmen, erhalten durch dieses Modell eine finanzielle Basis.

Ziel liberaler Frauenpolitik ist, Frauen die effektive und nicht nur rechtliche Wahlmöglichkeit zwischen beruflicher Karriere und Familie zu gewährleisten. Es muß Frauen aber auch ermöglicht werden, beides miteinander zu verbinden. Während Männer keine Probleme damit haben, in beiden Lebensbereichen Erfahrungen zu sammeln, werden Frauen häufig vor die Alternative „Karriere oder Familie" gestellt bzw. müssen sich dafür entscheiden, entweder das eine oder das andere zurückzustellen.

Langfristiges Ziel liberaler Frauenpolitik ist daher die Realisierung einer gleichen gesellschaftlichen Aufgabenteilung zwischen Frauen und Männern. Es dürfen nicht mehr in erster Linie Frauen sein, die für Kinderbetreuung und soziale Betreuungspflichten zuständig sind, d.h. den Großteil der unbezahlten, sozialrechtlich aber schlecht bis nicht abgesicherten gesellschaftlichen Arbeit leisten. Dieses Ziel ist aber weder durch rechtliche Vorgaben noch kurzfristig umzusetzen. Es handelt sich um eine Vision, die vor allem ein Umdenken in den Köpfen und langwierige, mühsame Aufklärungsarbeit notwendig macht.

Diese Vision darf aber nicht als Vorwand für Untätigkeit und müßiges „Hände in den Schoß legen" mißbraucht werden. Bis sie nämlich in die Realität umgesetzt wird, können sehr wohl Maßnahmen ergriffen werden, die an der jetzigen Problemlage ansetzen und das Leben von Frauen zumindest ansatzweise erleichtern. Auch wenn es sich dabei sehr oft um Symptom- und nicht um Ursachenbekämpfung handeln wird, sehen wir Handlungsbedarf: ein schlummerndes Potential muß geweckt werden!

6. Vielfalt statt Einfalt - liberale Visionen für Wien

6.1. Europaregion Wien

Was ist das Problem? ?

Wien verliert Arbeitsplätze, Investitionen und Einnahmen, da zahlreiche Betriebe in das Umland Wiens abwandern. Ebenso ziehen Einkaufs-, Fachmarkt- und Unterhaltungszentren vor den Toren Wiens Kaufkraft und steuerliche Einnahmen von Wien ab.

Die **Verlagerung aus der Stadt hinaus** bringt neben der rasanten, beinahe ungeordneten Verbauung des Wiener Umlandes auch ein enormes Aufkommen des Individualverkehrs und eine dementsprechende Umweltbelastung mit sich.

Der Grund, warum viele Betriebe Wien verlassen, liegt zum Teil in den wettbewerbsverzerrenden Rahmenbedingungen (Wien verlangt einen möglichst sparsamen Umgang mit Grund und Boden, Parkraumbewirtschaftung - beschränkte Anzahl an Stellplätzen usw.) und zum Teil an der überbordenden Bürokratie und an den zeitaufwendigen Amtswegen für Genehmigungen.

Die Bürgermeister kleinerer Umlandgemeinden erkaufen sich kurzfristige Erfolge durch Nachteile, die oft erst die nächste Generation spüren wird. (geringe Auflagen auf Kosten der Umwelt, Flächenfraß, ungeordneter Ausbau von Gebieten ohne Rücksicht auf bestehende oder künftige Wohn- und Arbeits- bzw. Lebensqualitäten, Vernachlässigung übergeordneter Raumplanungsziele, Verzicht auf den gemeinsamen Ausbau von öffentlichen Verkehrsmitteln und P&R Anlagen usw.)

Oft stehen in Wien dort nicht ausreichend Flächen zur Verfügung, wo sie von den Betrieben benötigt werden, und dort wo sie vorhanden sind, fehlt zumeist eine attraktive Infrastruktur.

Das Resultat ist die willkürliche und flächige Ausbreitung eines Siedlungskonglomerates ohne **übergeordnete Raumplanungsziele** (wie z.B. Erhaltung von

Grün- und Erholungsgebieten). Diese Entwicklung verschlechtert zunehmend die Wohn- und Lebensqualität der betroffenen Bevölkerung, verbaut Entwicklungsmöglichkeiten für die Zukunft und wird längerfristig auch zu gravierenden Standortnachteilen führen, die dann wieder ihrerseits die Abwanderung von Betrieben und Arbeitsplätzen nach sich ziehen.

Sowohl auf fachlicher als auch auf politischer Planungs- und Entscheidungsebene ist im Hinblick auf ein „Europa der Regionen" eine Änderung der derzeitigen Zusammenarbeit in der Region Wien-Niederösterreich-Burgenland dringend notwendig.

• Was hat sich international bewährt?

Einige deutsche Städte haben sich mit ihren Umlandgemeinden zu **Verbänden** zusammengeschlossen, wie z.B. der Umlandverband Frankfurt - Region Rhein-Main. Die Hauptaufgaben des Umlandverbandes sind Aufstellung eines Flächennutzungsplanes, eines Generalverkehrsplanes, Bodenbevorratung, Abstimmung der energiewirtschaftlichen Interessen der Mitglieder, Erstellung von Landschaftsplänen, Abfallwirtschaft, Umweltschutz und Standortberatung und Werbung auf dem Gebiet der Wirtschaftsförderung. Spezifikum des Umlandverbandes ist, daß die Abgeordneten für das oberste Beschlußorgan direkt von den Bürgerinnen und Bürgern der verbandsangehörigen Gemeinden und Städte gewählt werden.

In der europäischen Grenzregion am Oberrhein, wo Schweiz, Deutschland und Frankreich aneinanderstoßen, haben sich die Kommunen zu einem Verein „Regio Basiliensis" zusammengeschlossen. Zweck der „Regio Basiliensis" ist es, gemeinsam Impulse für die Entwicklung des oberrheinischen Raumes zu einer zusammengehörigen europäischen Grenzregion zu geben und bei deren Realisierung mitzuwirken.

In Arbeitsgruppen zu Themen wie Wirtschaft, Umwelt, Kultur, Neue Medien, Raumordnung oder Verkehrspolitik werden Erfahrungen ausgetauscht und Programme erarbeitet. Der Erfolg dieser grenzüberschreitenden Zusammenarbeit liegt weniger an den Gremien und deren Funktionsweise, sondern an dem ständigen gegenseitigen Austausch von Information und der regelmäßigen institutionalisierten Zusammenarbeit in der Region. Interessant ist die Tatsache, daß die „Regio Basiliensis" ein privatrechtlicher Verein ist, der jedoch die überregionale Integration einleiten und als sinnvolle Ergänzung zu staatliche Institutionen bestehen kann.

Welche Lösungen bieten wir an?

In einem **dreistufigen Modell** soll die Kooperation in der Region Wien/Niederösterreich/Burgenland verbessert und langfristig auch auf die angrenzenden Länder Ungarn, Tschechien und die Slowakei ausgeweitet werden:

- Einführung mehrerer direkt gewählter **Regionalparlamente** als Ersatz für den Bundesrat. Diese sollten sowohl gemeinsam die jetzigen Kompetenzen des Bundesrates übernehmen als auch einzeln regionalpolitische Aufgaben der Länder übernehmen (überregionale Raumplanung und Verkehrsplanung, Betriebsansiedlung, Tourismuswerbung, gemeinsames Netz an Grün- und Erholungsgebieten etc.).

- Schaffung eines **Regionalverbandes** als koordinierendes und vorberatendes Gremium, in dem sowohl die Länder und Gemeinden als auch die Bezirke von Wien vertreten sind. Langfristig soll mit Hilfe dieses Verbandes eine grenzüberschreitende Kooperation mit den Nachbarländern Ungarn/Tschechien/Slowakei angestrebt werden.

- Dem Regionalverband und dem Regionalparlament soll ein **Regionalbüro** (Regionalmanager) zur Verfügung stehen, das auf fachlicher Ebene die übergeordneten Ziele der Raumplanung ausarbeitet und koordiniert. In das Regionalbüro sollen alle bisherigen planerischen Aktivitäten (Planungsgemeinschaft Ost, Verkehrsverbund Ostregion, Verein Niederösterreich-Wien etc.) einfließen. Auch die Grundstücksverwaltung (derzeit bei Wiener Wirtschaftsförderungsfonds, Wiener Bodenbereitstellungs- und Stadterneuerungsfonds etc.) soll miteinander verbunden werden. Arbeitsgrundlage für ein solches Regionalbüro ist die Erstellung eines umfassenden regionalen Informationsmanagements. Die Finanzierung der regionalen Zusammenarbeit soll durch einen intraregionalen Finanzausgleich ermöglicht werden.

- Konzentration aller Betriebsansiedlungsaktivitäten (WWFF-Wien, ECOPLUS-Niederösterreich, BIBAG-Burgenland, Wirtschaftskammer) zu einer serviceorientierten Koordinationsstelle - dem „BusinessPoint". Diese soll die Europa-Region vermarkten und die Betriebe beraten. Als Servicestelle des Regionalbüros und in enger Zusammenarbeit mit den Planungsabteilungen der Gemeinden soll die Schaffung attraktiver Infrastrukturen für die Betriebsansiedlung betrieben werden.

! Was haben Sie davon?

Die Lebensqualität in Wien und in den angrenzenden Gemeinden wird durch eine koordinierte Raum- und Verkehrsplanung erheblich verbessert. Wer staut schon gerne jeden Morgen über eine Stunde auf der Südautobahn, um zur Arbeit zu kommen? Bessere öffentliche Verkehrsmittel und mehr Grünraum auch unmittelbar in Wien, machen die Stadtflucht jedes Wochenende nicht unbedingt nötig. Auch für Betriebe ist eine koordinierte Vorgangsweise der Länder und Gemeinden in der Region mit einem Ansprechpartner bei Fragen der Betriebsgründung oder -ansiedlung ein erheblicher Vorteil.

Von internationalen Unternehmen und Konzernen wird die Unterscheidung in Bundesländer ohnehin nicht mehr wahrgenommen. In einem „Europa der Regionen" zählen im Wettbewerb mit anderen Regionen einzig die Standortvorteile der gesamten Region, wie z.B. Arbeitskräftepotential, Ausbildung, Verkehrsanbindung oder Lebensqualität.

Durch den Beitritt Österreichs zur Europäischen Union gehen langfristig viele gesamtstaatliche Kompetenzen an die EU über, so daß die Entscheidungskompentenz der Kommunen und der Regionen immer wichtiger wird. Die Vorreiterrolle, die eine „Europaregion Wien" im Zusammenhang mit einer Osterweiterung der EU einnimmt, stellt einen Wettbewerbsvorteil dar, den es von der Wirtschaft und der Politik zu nutzen gilt.

6.2. Olympische Sommerspiele für Wien

? Was ist das Problem?

Durch die Absage der EXPO-Wien und das Ausbleiben internationaler Großinvestoren und Betriebe, die Wien als Drehscheibe zu den ehemaligen Ostblockstaaten nützen wollten, verliert Wien im internationalen Wettbewerb an Standortgunst. Wichtige Investitionen bleiben aus und somit auch der Motor ehrgeiziger **Stadtentwicklungsprojekte.**

Daher bleiben viele dieser Projekte stecken oder können nur als Notlösungen, oft auf Kosten der SteuerzahlerInnen, errichtet werden. Die Bebauung der Donauplatte aus Mitteln der Wohnbauförderung und des Schulbaubudgets, das nach wie vor vorhandene planerische Loch an Stelle des Guggenheimmuseums, das Aufschieben des Hochhausprojektes von Peichl-Isozaki, der Stillstand in den Verhandlungen um die Nordbahnhofbebauung, aber auch ein fehlendes Konzept für Prater, Messegelände, Krieau und Freudenau sind nur einige Beispiele der anhaltenden **Flaute in der Stadtentwicklung.**

Abgesehen davon zählt Wien mit 1,6 Mio. EinwohnerInnen im Vergleich zu anderen Europäischen Großstadtmetropolen nur zu den Großstädten mittlerer Größe. Der Erfolg von städtebaulichen Großprojekten hängt daher auch in großem Maße davon ab, ob **internationale Investoren** gewonnen werden bzw. neue internationale Betriebe angesiedelt werden können.

Was hat sich international bewährt?

Die Abhaltung internationaler Großveranstaltungen mit dementsprechendem medialem Echo hat sich in vielen Städten sowohl für Touristen als auch für Investoren als Anziehungspunkt erwiesen. Internationale Beispiele wie etwa Barcelona (1992) zeigen, daß durch die Veranstaltung Olympischer Spiele enorme Mobilisierungskräfte auf die Gastgeberregion ausgeübt werden.

Die Investitionen in die Infrastruktur (ca. 8 Mrd. US-Dollar) machten Barcelona von einer überalterten Industriestadt zum EU-weit meistbegehrten Betriebsstandort innerhalb Spaniens. Die Standortgunst Barcelonas liegt noch vor der Madrids. Die neu entstandenen architektonischen Wahrzeichen prägen weltweit das moderne und innovative Image Barcelonas und bringen bis heute einen enormen Aufschwung im Tourismus mit sich.

Darüber hinaus wurde das Selbstbewußtsein und die Investitionsfreude der Bevölkerung enorm angehoben, sodaß eine Vielzahl an Geschäften, Bars, Restaurants, Büro- und Wohnhäusern sowie Freizeitbetrieben als „Folgeerscheinung" der Olympiade entstanden sind und entstehen.

Im volkswirtschaftlichen Abschlußbericht der Spiele von Barcelona stehen direkten Kosten für die Olympiade (Wettkampfstätten, Organisation) von 1,635 Mrd. Dollar, Einnahmen aus Fernsehrechten, Sponsoring und Eintrittskarten von 1,638 Mrd. gegenüber.

Bei den Olympischen Spielen 1996 in Atlanta hielten sich die geplanten Einnahmen von 1,7 Mrd. Dollar (900 Mio. aus Fernsehrechten und 800 Mio. Marketing) mit den Ausgaben die Waage. Da auch künftige Organisatoren von Olympischen Spielen mit einer ähnlichen Summe an Einnahmen rechnen können, sind die Spiele sehr begehrt. Alleine für 2004 haben sich zwölf Kandidaten beworben, aus welchen Athen erfolgreich hervorgegangen ist.

Kaum ein Ereignis erreicht eine derart große Anzahl an Zuschauern. In Atlanta besuchten 8,6 Mio. Menschen die Veranstaltungen und via TV verfolgten weltweit 3,5 Mrd. Zuseher die Spiele. Diese enorme mediale Erreichbarkeit könnte auch Wien werbewirksam nützen.

* Welche Lösungen bieten wir an?

Nach dem Motto „Vienna goes international" hätte auch Wien eine Chance, durch die **Bewerbung für die Olympischen Sommerspiele** die ganze Welt auf sich aufmerksam zu machen. Dies würde nicht nur den Tourismus ankurbeln und das Image Wiens im Wettbewerb mit anderen europäischen Städten deutlich verbessern, sondern auch wichtige infrastrukurelle und **stadtplanerische Impulse** für die gesamte Stadt mit sich bringen.

Sinnvoll ist ein solches Großereignis aber nur dann, wenn die Investitionen auch nach der Veranstaltung einer sinnvollen Nutzung zugeführt werden und somit die BewohnerInnen dieser Stadt nachhaltig profitieren.

Nach den olympischen Sommerspielen 2000 in Sydney und 2004 in Athen, könnte sich Wien frühestens f**ür 2008 bewerben.** Eine Entscheidung darüber würde 2001 vom I.O.C. (Comité International Olympique) getroffen werden. Die Bewerbung müßte dementsprechend früher erfolgen.

Wien hat bereits einen guten Grundstock an Sportstätten. Im Zuge einer Olympiade könnte aber die Gestaltung des gesamten Pratergebiets zwischen Messegelände, Krieau, Ernst Happel Stadion bis hin zur Freudenau neu überdacht und ein städtebauliches Gesamtkonzept erarbeitet werden.

Durch den U-Bahnbau der U 2/5 wäre dieses Gebiet ab dem Jahr 2007 durch ein hochrangiges öffentliches Verkehrsmittel an das städtische Verkehrsnetz angebunden. Das olympische Dorf könnte auf dem Areal des Nordbahnhofes errichtet werden und später, wie ursprünglich vorgesehen, als Wohnquartier der Bevölkerung übergeben werden.

Auf dem derzeit maroden Messegelände würde sich die Errichtung des internationalen Medienzentrums anbieten, das später als Ausstellungs- und Verkaufszentrum für Computertechnologien und Elektronik genutzt werden könnte. Auch das Ruderzentrum auf der Neuen Donau ist bereits weltmeisterschaftserprobt.

Aber auch im transdanubischen Stadtgebiet könnten neue Akzente gesetzt werden. Neben der Nutzung der neuen Albert Schultz - Halle in Kagran könnten olympische

Sportstätten für kulturelle Veranstaltungen nachgenutzt werden (z.B. Rock und Pop Veranstaltungszelt).

Was haben Sie davon? !

Durch ein Großereignis wie die Olympischen Sommerspiele würde Wien national und international in den Mittelpunkt des öffentlichen Interesse rücken. Die infrastrukturellen Vorbereitungen (Bau und Adaption von Stadien, Errichtung des Olympischen Dorfes, Infrastruktur für Medien etc.) würden Wiener Firmen viele neue Aufträge verschaffen und somit Arbeitsplätze sichern und neue Arbeitsplätze nach Wien bringen.

Der Standort Wien könnte dadurch für nationale und internationale Investoren eine neue Bedeutung bekommen. Verkehrsplanerisch würde dieser Impuls neben dem verstärkten Ausbau der öffentlichen Verkehrsmittel unter anderem auch den forcierten Ausbau von Park & Ride-Anlagen mit sich bringen.

Die Kaufkraft der zu erwartenden Touristenströme würde vor allem während der Olympischen Spiele dem Wiener Handel und den Tourismusbetrieben immense Umsätze bescheren. Die Wienerinnen und Wiener selbst würden mit den Olympischen Sommerspielen eines der größten Sportereignisse quasi frei Haus geliefert bekommen.

6.3. Transeuropäische Netze (TEN) - Standortsicherung für Wien

Was ist das Problem? ?

6.3.1 Warum TEN?

Nach dem Modellansatz der **klassischen Wachstumstheorie induzieren Infrastrukturinvestitionen regionalwirtschaftliches Wachstum.** Die Förderung von neuen oder besseren Infrastruktureinrichtungen hat somit weitreichende wirtschafts- und finanzpolitische Effekte. Die Steigerung der Wettbewerbsfähigkeit, Investitionsoffensiven und arbeitsmarktfördernde Maßnahmen sollen daher im Mittelpunkt sämtlicher regionaler, nationaler und internationaler politischer Überlegungen stehen.

Die Region Wien steht in Konkurrenz mit allen anderen europäischen Stadtregionen, insbesondere mit den direkten Agglomerations-Nachbarn wie der Region Bratislava und Budapest. In diesen beiden Regionen ist es bedeutend unbürokratischer, große Infrastrukturprojekte rasch zu realisieren und somit entsprechende **Korridore in Nord-Süd als auch in Ost-West Richtung mit Knotenpunkten** in den genannten Städten zu errichten.

Werden die transeuropäischen Korridore aber nicht durch Wien, sondern über Brünn, Bratislava und Budapest verlaufen, wird dies unmittelbar negative externe Effekte auf die Wiener Wirtschaft haben. Insofern muß es Ziel der Politik sein, transeuropäische Korridore durch Wien verlaufen zu lassen, indem **attraktive Infrastruktureinrichtungen** errichtet werden. Mittels der folgenden Projekte kann die Wiener Wirtschaft angekurbelt und Wien langfristig als attraktiver Wirtschafts-standort gesichert werden.

In übereinstimmender Meinung erwarten alle Experten, daß die **Verkehrsprognosen** für den internationalen Güter- und Personenverkehr **deutliche Zuwächse** verzeichnen werden. In der Folge wird es zu einer Überlastung des Straßennetzes und teilweise auch des Schienennetzes kommen.

Eine Studie der Europäischen Verkehrsministerkonferenz erwartet für das Jahr 2010 eine Zunahme des Güterverkehrs um 51% gegenüber 1990. Falls die Verkehrspolitik nicht europaweit geändert wird, so wird der **Bahnverkeh**r trotz der steigenden Verkehrsnachfrage stagnieren. Der **Straßengüterverkehr** würde bei unveränderter Verkehrspolitik in Europa hingegen um bis zu 70% zunehmen.

6.3.2 Die Entwicklung der TEN

Der Vertrag zur Gründung der Europäischen Union („Maastricht-Vertrag") vom 7. Februar 1992 sieht unter anderem auch die Schaffung „Transeuropäischer Netze" vor. Für den Verkehr wurden bisher im Rahmen von TEN ein Transeuropäisches Straßennetz, ein Europäisches Hochgeschwindigkeitsschienennetz, Europäische Korridore des kombinierten Verkehrs sowie ein europäisches Binnenwasserstraßennetz erstellt.

Österreich nahm bereits seit der zweiten Hälfte des Jahres 1994 als Beobachter an der von der Kommission eingesetzten sogenannten **Christophersen-Gruppe,** teil. Ausgehend von der im Delors-Weißbuch (Weißbuch der Kommission über das wirtschaftliche Wachstum, die Wettbewerbsfähigkeit und die Beschäftigung) enthaltenen Liste **von 26 internationalen Verkehrsvorhaben** wurden diese von der Christophersen-Gruppe in drei Kategorien unterteilt und nach ihrer Priorität gereiht.

6.3.3 Die TEN-Projekte und ihre Kategorien

In der Christophersen-Gruppe wurden die 26 prioritären Verkehrsvorhaben in drei Kategorien unterteilt.

- In die **Kategorie 1,** die 14 Vorhaben enthält, fällt in Österreich nur die *Brennerstrecke.* Diese Projekte haben Priorität und werden von der EU gefördert. Für diese Vorhaben laufen die Arbeiten bereits oder können in den nächsten zwei Jahren beginnen.
- Zur **Kategorie 2** zählen: Die *Donauachse* (Nürnberg - München - Wien - Budapest oder Bratislava) und die *Pontebbana-Achse* (Prag - Brünn - Wien - Semmering - Tarvis) und die *Süd-Ost-Spange* (Wien - Eisenstadt - und weiter nach Budapest oder über Graz - Koralmtunnel - Klagenfurt - Villach), doch bis heute gab es dafür seitens der EU noch keine Förderungen.
- Alle Projekte der **Kategorie 3** werden zeitlich zurückgestellt.

Seitens der EU stehen für *14 TEN-Vorhaben der ersten Kategorie* **41 Mrd. ECU (Euro)** von 1995 bis 1999 und insgesamt 91 Mrd. ECU (Euro) bis 2010 zur Verfügung. **Österreich** wurden inzwischen im Rahmen der TEN-Finanzierung seit 1995 Mittel in der Höhe von mehr als **500 Mio. Schilling [rd. 36 Mio. Euro] zugesichert,** wobei der Großteil davon auf Planungsarbeiten für den **Brennerausbau** entfällt.

Die Grundsätze der **Vergabe der EU-Mittel** sind in der TEN-Finanzierungsverordnung niedergelegt. Die Gemeinschaftszuschüsse betreffen eine Kofinanzierung von Studien (max. bis 50%, in Ausnahmen bis 100%), Zinszuschüsse, Beiträge zu Prämien für Anleihebürgschaften, direkte Subventionen für Investitionen (nur in begründeten Fällen).

Die EU-Mittel können demnach bei weitem nicht ausreichen, die Hauptlast der Finanzierung der TEN zu tragen. Angesichts der bestehenden Budgetrestriktionen (Konvergenzkriterien) sollen private Finanzbeteiligungen (= **Public-Private-Partnership-Modelle**) verstärkt zum Einsatz kommen.

Auch die mittel- und osteuropäischen Staaten (MOEL) sollen an die Transeuropäischen Netze angebunden werden. Auf der sogenannten Kreta-Konferenz im März 1994 wurden deshalb neun prioritäre Verkehrskorridore bestimmt, die die EU und die MOEL-Staaten verbinden und die unter anderem auch in unmittelbarer Nähe von Wien vorbeilaufen.

6.3.4. Wien und die TEN

Der größte Ballungsraum in Österreich, die Ostregion, besitzt keinen **Knoten der ersten Kategorie,** obwohl die Verkehrsbelastung in Wien weit über der auf der Brennerstrecke liegt. Diese Nichtberücksichtigung Wiens ist einer der folgenschwersten Fehler der Verkehrspolitik in Österreich.

Dieses Versagen der Bundespolitik, aber auch die offensichtliche Unfähigkeit der Vertreter Wiens, sich Gehör zu verschaffen, stellt ein großes Risiko für den Wirtschaftsstandort Wien dar. Es gibt daher zumindstens vorläufig auch keinerlei Förderungsmöglichkeiten für Verkehrsinfrastrukturausbauten im Rahmen der Transeuropäischen Netze. Für Wien ist es daher von besonderer Bedeutung, daß alsbald ein Teil der Förderungen auch auf die TEN-Strecken mit der Kategorie 2 verteilt wird, denn drei Projekte der Kategorie 2 verlaufen durch Wien bzw. beginnen in Wien.

Wien sieht sich als wichtiger Knotenpunkt im Herzen von Europa, sowohl in Hinsicht auf Nord-Süd- als auch auf West-Ost-Achsen. Hier sind konkrete Strategien der Stadt Wien zu erstellen, wie man Förderungsmittel seitens der EU lukrieren kann.

Während der **West-Ost-Korridor** (London- Paris - München - Wien - Budapest,...) im allgemeinen kaum Ausweichstrecken bietet, tauchen bei den **Nord-Süd-Überlegungen** immer wieder unterschiedliche Varianten auf: Berlin - Prag - Wien - Süd-Ost-Europa mit Budapest und Athen wird ebenso als Variante gehandelt wie die Route Berlin - Prag - Linz - Verzweigung nach Triest und Süd-Ost-Europa.

Die **derzeitige Hauptvariante** geht aber nicht über Wien, sondern über **Bratislava** und Wien kann nur zusehen, wie sich die Verkehrsströme vor den Toren der Stadt an Wien vorbei bewegen. Aus ökologischer (Mikro)Sicht ist das positiv, für die wirtschaftliche Entwicklung der Region hat dies aber negative Effekte.

Intensive Bemühungen der Stadt Wien werden nötig sein, um Wien auch wirklich als Herz von Europa zum Leben zu erwecken. Die gemeinsame Erklärung der Bürgermeister von Berlin, Prag und Wien zur Bahnverbindung Berlin - Prag - Brünn - Wien - (Triest) ist ein erster Schritt in die richtige Richtung, es besteht jedoch der nicht unbegründete Verdacht, daß dies die einzig positive Tat Wiens bleiben wird.

So erfreulich diese Willenserklärung auch ist, eine Rechtsverbindlichkeit ergibt sich daraus auf keinen Fall. Es sind daher weitere intensive Anstrengungen der Stadt Wien notwendig, um hier Veränderungen zu bewirken, denn sowohl die Korridore innerhalb der EU als auch jene der MOEL stehen in Konkurrenz zueinander. **Bratislava** und **Wien,** im geringeren Maße auch Linz, konkurrieren untereinander. Die Frage, ob ein Nord-Süd-Korridor durch die eine oder andere Stadt verlaufen wird, kann die **wirtschaftliche Entwicklung dieser Städte nachhaltig beeinflussen.**

6.3.5 „Incentive-Projekte" in Wien

Im Städtewettbewerb der Zukunft um die Teilnahme an den TEN wird Wien schlagkräftige Argumente benötigen, warum gerade Wien ein entscheidender Knotenpunkt in diesen Netzen sein soll. Nur **lokale Vorzeigeprojekte,** sogenannte „Incentive-Projekte", können eine geeignete Vorleistung für den zu schaffenden intermodalen Verkehrsknoten Wien sein, ein Verkehrsknoten, der die Schiene, Straße, Schiffahrt und den Flugverkehr optimal verknüpft.

Die Probleme des Schienenverkehrs im Raum Wien resultieren aus der Überlagerung des Fernverkehrs mit dem Nahverkehr. Dies führt zu Netzüberbelastungen und Kapazitätsengpässen. Zur Beseitigung der Problemlage muß es zu einer Entflechtung des Personennahverkehrs und des Fernverkehrs kommen. Der Westbahnhof wird als Regionalbahnhof genutzt, während der **(Zentral-)Bahnhof Wien** für den Personenfernverkehr verstärkt genutzt wird, und der regionale und internationale Güterverkehr ebenfalls über den Bahnhof Wien samt allen Nebeneinrichtungen wie zum Beispiel den Verschiebebahnhof Kledering verläuft.

Für diesen Bahnhof Wien ist auch der Bau des **Lainzer Tunnels** nötig. Nachdem es in Wien schon einige U-Bahnen gibt und auch die ÖBB diverse Tunnel in Österreich bereits errichtet haben, kann sich das Liberale Forum nicht vorstellen, daß die technischen Probleme für den Lainzer Tunnel nicht bewältigbar sind. Deshalb ein klares Bekenntnis des Liberalen Forums zum alsbaldigen Bau des Lainzer Tunnels.

Für den **Güterfernverkehr** ist die Schaffung und Zentralisierung von Güterverteilzentren (GVZ) von großer Bedeutung. Die Errichtung des GVZ Metzgerwerke/Inzersdorf, der Albener Hafen und der Anschluß der Westbahn über den Lainzer Tunnel für den Zentralverschiebebahnhof Kledering sind für einen attraktiven Standort Wien im Güterverkehr von entscheidender Bedeutung.

Der Aufwärtstrend des **Flughafens Wien-Schwechat** hält ungebrochen an. Wien liegt mit 8,5 Mio. Passagieren pro Jahr und einem Frachtaufkommen von rund 110.000 t (1995) im europäischen Mittelfeld. Die Zuwachsraten werden mittelfristig mit 8% pro Jahr angenommen. Überlegungen zum Ausbau des Flughafens eventuell auch in engerer Kooperation mit dem Flughafen Bratislava werden laufend gestellt.

Der größte Mangel dieses internationalen Flughafens Wien ist seine landseitige Anbindung: 7% der Passagiere kommen mit der S-Bahn! Der Flughafenbus ist nicht viel attraktiver. Ein entsprechender Handlungsbedarf ist unübersehbar. Parteipolitische interne Streitereien der SPÖ verzögern seit Jahren den **Ausbau des Öffentlichen Verkehrs zum Flughafen.** Auch hier fehlt es an mutigen Entscheidungen der Stadt Wien!

Das Liberale Forum fordert daher, durchaus in Übereinstimmung mit anderen Parteien, den baldigen durchgehenden zweigleisigen **Ausbau der S 7** und eine entsprechende **Taktverdichtung auf 7,5 Minuten!**

Mittelfristig stellt sich die Frage, ob der Flughafen Wien-Schwechat eine dritte Piste erhalten soll oder ob diese Piste in Bratislava errichtet wird. Im Sinne der Wiener Wirtschaft wärer eine Erweiterung des Flughafens Wien auf österreichischem Staatsgebiet sinnvoll.

Die Donau als einzige österreichische **Wasserstraße** ist erst zu rund 10% ausgelastet. Mit der Öffnung des Rhein-Main-Donau-Kanals 1995 und der sich in Süd-Ost-Europa beruhigenden politischen Lage wird dem Gütertransport auf der Wasserstraße ein großes Potential vorausgesagt.

Ein entsprechend attraktiver Knoten der Stadt Wien im **Albener Hafen** als Containerterminal zwischen Schiene/Straße/Schiff sollte daher höchste Priorität bei der Errichtung von **Güterumschlaganlagen** in Wien genießen.

! Was haben Sie davon ?

Die für einen attraktiven Wirtschaftsstandort notwendige Ansiedlung weiterer Unternehmen ist maßgeblich von einer funktionsfähigen Infrastruktur abhängig. Die Realisierung der oben genannten Projekte trägt also entscheidend dazu bei, im Wettbewerb der Städte (z.B. Prag, Budapest,...) um einen attraktiven Wirtschaftsstandort, wieder Anschluß zu finden. Im Sinne der Umwegrentabilität haben diese Projekte daher höchste Priorität.

Insgesamt wird es aufgrund dieser Projekte zu einer Auftragsvergabe an die Wiener Bauwirtschaft, die zur Zeit ohnehin in einer Krise steckt, und infolge dessen an die gesamte Wirtschaft im Ausmaß von mehreren Milliarden Schilling kommen.

Die Integration Wiens in die Transeuropäischen Netze und die Realisierung lokaler Vorzeigeprojekte sind also wichtige Bausteine im Kampf um Arbeitsplätze und unverzichtbarer Bestandteil der Bemühungen um die Attraktivitätssteigerung des Wirtschaftsstandorts Wien.

6.4. Shopping in Vienna - Wien als „Einkaufszentrum“ Europas

Was ist das Problem ?

?

6.4.1 Einkaufszentren vs. Geschäftsstraßen

Waren ehemals die **Einkaufsstraßen** an den Bezirksgrenzen die Handelszentren in den einzelnen Bezirken, hat sich in den letzten Jahren die Zahl der florierenden Einkaufsstraßen in Wien drastisch reduziert.

Während die größten und somit attraktivsten Einkaufsstraßen in Wien wie die Mariahilfer Straße, die Kärntner Straße und die Favoritenstraße an Kaufkraft durchaus wachsen, sterben viele mittlere und kleinere Geschäftsstraßen respektive die einzelnen Geschäfte langsam und kontinuierlich.

Andererseits steigt die Zahl der **Einkaufs- und Fachmarktzentren** explosionsartig. Auch die Umsätze in diesen Einkaufszentren nehmen stetig zu. Das Problem in Wien verschärft sich insofern, als im Vergleich mit anderen österreichischen oder europäischen Städten sowohl die Anzahl der Geschäfte als auch die Verkaufsflächen sämtlicher Geschäfte in Wien in der Relation zu der Bevölkerungszahl besonders hoch ist. Die Folgen zeigen sich vor allem darin, daß viele Geschäftslokale in den kleineren Geschäftsstraßen leer stehen und diese wiederum die gesamte Anziehungskraft der Straßen mindern und somit die benachbarten Geschäfte in ihrer Attraktivität einschränken.

Das Phänomen des Geschäftsterbens hat primär folgende Gründe:

- Die Konkurrenz wächst - die **Kaufkraft** der Wiener bleibt im großen und ganzen **konstant**, während eine Vielzahl von neuen Einkaufszentren vor den Toren von Wien (SCS) und an der Stadtgrenze in Wien (B 302 Wiener Nordrandstraße im 22. Bezirk) vergrößert und eröffnet werden sowie vollkommen neue Einkaufsformen entstehen wie das Factory Outlet in Parndorf.
- Es erfolgt eine **Verschiebung der Kaufkraftströme** in Richtung Einkaufszentren oder Fachmärkte, die mehr Verkaufsfläche und damit ein breiteres Warensortiment bieten. Die Einkaufszentren bestehen vorwiegend aus relativ neuen, ansprechend gestalteten Geschäften. Sie sind meist mit einer überdachten Pas-

sage kombiniert und bieten daher Witterungsschutz. Sie sind kleinkinderfreundlicher als Geschäftsstraßen, da in den Zentren keine Gefahr von vorbeifahrenden Autos auf die Kinder lauert, Parkplätze sind vorhanden, man hat mitunter eine Vielzahl von Geschäften sehr kompakt nebeneinander und findet somit sämtliche Waren sehr bequem und rasch. **Der wichtigste Grund aber ist, sie entsprechen den Vorstellungen eines modernen Einkaufserlebnisses. Dies belegen sowohl steigende Besucherzahlen als auch stetig steigende Umsatzzahlen.**

- Der **Branchenmix** zwischen Frequenzbringern („Magneten" wie große Elektro- und Textilketten) und Frequenznutzern (Trafiken, Putzerei) stimmt bei sterbenden Geschäftsstraßen meist nicht.

- **Atmosphäre und Ambiente sind in den meisten Fällen nicht einladend.** Einkaufen bedeutet heutzutage nicht mehr nur die unbedingt nötigen Waren so rasch als möglich zu besorgen, sondern Shopping muß Spaß machen, kann durchaus zeitintensiv sein, muß aber Attraktionen und Flair bieten.

Eine Veränderung der Kaufkraftströme von den sterbenden, veralteten Einkaufsstraßen in Richtung Einkaufszentren kann einfach als Trend der 90er betrachtet werden.

Der kontinuierliche Versuch aller größeren Einkaufsstätten, sich im Wettbewerb untereinander ständig zu bewähren, wird von mehrere Faktoren seitens der öffentlichen Hand beeinflußt. Insofern gibt es ein ständiges Eingreifen in den Markt.

Den stärksten Einfluß nimmt sicherlich die **Flächenwidmung,** die entscheidet, ob Neu- oder Zubauten in Geschäftsstraßen und Einkaufszentren zulässig sind. Entscheidend sind aber auch Faktoren wie die Schaffung neuer Parkplätze in Form von Garagen oder die Errichtung von Kurzparkzonen. Es kommt nicht von ungefähr, daß die drei größten Wiener Einkaufsstraßen an U-Bahnlinien liegen. Eine Umgestaltung des Straßenraums, wie sie zuletzt im großen Stil in der Mariahilfer Straße erfolgte, steigert die Attraktivität und lädt zum Verweilen im öffentlichen Raum ein.

Einerseits müssen die veränderten Bedürfnisse der Bevölkerung respektiert werden und es kann nur mit neuen attraktiveren Einkaufsmöglichkeiten zusätzliche Kaufkraft sowohl von Touristen als auch von Bewohnern der angrenzenden Bundesländer gewonnen werden, andererseits bringen die Einkaufszentren aber eine Vielzahl von externen Effekten und vor allem Kosten. Die **Verkehrsströme** von und zu den Geschäften verursachen ebenfalls hohe externe Kosten. Insofern ist bei einer Neuwidmung ganz besonders auf eine attraktive Lage, möglichst in der Nähe von Wohn- und Arbeitsstätten zu achten.

Stadtstrukturell muß überlegt werden, wie eine **Folgenutzung** sowohl von Geschäftslokalen in sterbenden Geschäftsstraßen als auch von extrem großen Einkaufszentren aussehen kann. Erfolgt dies nicht, ist damit zu rechnen, daß ganze Stadtviertel an Attraktivität stark verlieren, weniger Investionen in diesem Gebiet getätigt werden und somit der Wiener Wirtschaftsförderungsfonds Teile dieser Flächen aufkaufen muß und sie nur sehr schwer wieder vermarkten kann.

Für Güter des täglichen oder wöchentlichen Bedarfs sollten Lebensmittelhändler wie zum Beispiel Bäckereien, Trafiken usw. im Nahbereich der Wohnstätten vorhanden sein. Das sogenannte Greißlersterben kann nur schwer aufgehalten werden. Gab es 1961 noch fast 24.000 Greißler in Wien, waren es vergangenes Jahr nur mehr 7.800. Als „moderner Greißler" der späten 90er Jahre könnten in Zukunft verstärkt lokale Bezirkszentren in Form von Einkaufspassagen treten, die eine Vielzahl von Vorteilen der großen Einkaufszentren und jener lokaler Geschäfte vereinen.

Neben der Problematik Einkaufszentren - Geschäftsstraßen gibt es noch eine zweite Konkurrenzsituation:

Einkaufszentren im Burgenland, in Niederösterreich an der Stadtgrenze zu Wien leben von der Kaufkraft der Wiener Bevölkerung. Das nicht unbeträchtliche Steueraufkommen fließt somit in die niederösterreichischen Gemeinden ab, während negative externe Effekte, allen voran die Verkehrsbelastung auf der A 23, Auswirkungen auf Wien haben.

Welche Vorschläge haben andere Parteien und Interessensvertretungen ?

Das Problem der sterbenden Geschäftsstraßen und des scheinbar unaufhaltsamen Wachstums der Einkaufszentren und Fachmärkte besteht seit Jahren. Dementsprechend haben sowohl verschiedene Parteien als auch Interessensvertretungen unterschiedliche Lösungsmodelle vorgeschlagen:

- Die Einkaufszentren-Verordnung des Wirtschaftsministers und der ÖVP hemmt bzw. verzögert den Neubau von Einkaufszentren sowohl im innerstädtischen Bereich als auch auf der „grünen Wiese". Ob dies zu einer Attraktivitätssteigerung der Geschäftsstraßen bzw. des Einzelhandels führt, ist fraglich. Konkret besagt die Verordnung, daß Einkaufszentren mit einer Verkaufsfläche von über 800 Quadratmeter nur dann genehmigt werden, „wenn keine Gefährdung der Nahversorgung" vorliegt. Diese Gefährdung besteht laut Verordnung dann, wenn das geplante Projekt eine Umsatzabschöpfung von 5 Prozent oder mehr im festgelegten Einzugsgebiet erreichen würde. Als Einzugsgebiet für die Berechnung des regionalen Gesamtumsatzes gilt ein räumlicher Bereich, von dem aus die betreffende Betriebsanlage innerhalb von 10 Minuten mt einem PKW zu erreichen ist.

Die österreichische Handels-Landschaft wird damit einzementiert. Bestehende Einkaufszentren brauchen in Zukunft keine Konkurrenz mehr fürchten, wird neuen doch keine Bewilligung erteilt. Das Verfahren, neben der bestehenden Raumverträglichkeitsprüfung, verlängert die Planungsphase enorm. Viele Projekte werden unfinanzierbar bzw. Immobilien-Investoren werden durch die derzeitige Rechtsunsicherheit gehemmt.

- Das sogenannte „Tröpferlmodell" der Wirtschaftskammer und Teilen der ÖVP vergibt eine **finanzielle** Förderung für einzelne Geschäfte, insbesondere für Greißler. Eine Änderung der bestehenden Problematik ist dadurch nicht zu erwarten, sondern das Problem wird durch geringe Subventionen pro Betrieb nur zeitlich verschoben.

  Die Förderung von Geschäftsstraßenvereinen seitens der Wirtschaftskammer ist zwar eine nette Idee, die Durchschlagskraft dieser Vereine, **deren Aktivitäten sich im wesentlichen auf Straßenfeste beschränkt,** ist zumindestens bisher gering.

- Die Wiener Grünen haben das Modell des „Einkaufszentrum-Schillings" entworfen, das für Einkaufszentren eine Abgabe von einem Prozent des Umsatzes zur Förderung von Kleinhandelsbetrieben vorsieht. Hier wird also Betrieben vorgeschrieben, daß sie ihre Konkurrenz fördern müssen. Dieser Vorschlag könnte aber, wenn überhaupt, nur bundeseinheitlich geregelt werden, da ansonsten vor den Toren von Wien weitere Einkaufszentren boomen würden. Als wirtschaftsfreundlich kann dieser Vorschlag auf jeden Fall nicht gewertet werden, da dies für internationale Betriebe und Handelsketten ein weiteres Hemmnis bei der Ansiedlung in Wien darstellen würde und die Attraktivität des Wirtschaftsstandorts Wien weiter verringern würde.

• Was hat sich international bewährt?

Von der Vielzahl internationaler Beispiele sei nur eines erwähnt:

Barcelona hat an hochrangigen Verkehrsknoten wie U-Bahn-Stationen oder Bahnhöfen weitläufige Einkaufs- und Freizeitzentren errichtet, die gleichzeitig auch das stadtstrukturelle Umfeld verbessern. Das entsprechende architektonische und gestalterische Ambiente auf weitläufigen Plätzen und Straßen mit Alleen macht das Einkaufen zum Erlebnis.

6.4.2 Zielsetzung: Wien als „Einkaufszentrum" Europas

Ziel liberaler Kommunalpolitik muß sein, sowohl für bestehende als auch für neu anzusiedelnde Betriebe in Wien attraktive Rahmenbedingungen zu schaffen, die bestehenden Unternehmen eine reelle Zukunftsperspektive geben, Wien zum Magneten für neue Unternehmen machen und die eine Abwanderung der Handelsbetriebe nach Niederösterreich und mitunter in das Burgenland unterbinden.

In diesem Zusammenhang ist einerseits eine **sinnvolle Attraktivierung von zukunftsträchtigen Geschäftsstraßen** und die Förderung von **Bezirkszentren** zur Sicherung der Nahversorgung anzustreben.

Einkaufen in Wien soll so attraktiv sein, daß nicht nur die Wiener Bevölkerung gerne in Wien und nicht im Umland oder in anderen internationalen Städten einkauft, sondern auch neue Kaufkraftströme angezogen werden. Touristen sollen Wien nicht nur als schöne historische Stadt in Erinnerung behalten, sie sollen, wie es derzeit in anderen europäischen Städten erfolgreich praktiziert wird, von modernen Einkaufs- und Freizeitzentren zum „Shopping in Vienna" angezogen werden.

6.4.3 Erlebnis-Shopping - die Attraktivierung von Geschäftsstraßen

Die vier Standbeine der Attraktivierung

Vier Standbeine sind von essentieller Bedeutung für eine Attraktivierung und stehen bei Umplanungen von Geschäftsstraßen an erster Stelle:

- **Erreichbarkeit**
- **Parkplätze**
- **Auswahl**
- **Atmosphäre und Ambiente**

- Die **Erreichbarkeit** betrifft sowohl den öffentlichen als auch den Individualverkehr. Sie muß optimal sein. Die fünf attraktivsten Einkaufsstraßen in Wien haben U-Bahnstationen.
- **Parkplätze** im Nahbereich der Einkaufsstraßen sollen im ausreichenden Maße vorhanden sein. Insofern ist es sinnvoll, die Parkraumbewirtschaftung im Nahbereich der Einkaufsstraßen zu forcieren.
- Die **Auswahl** hängt weitgehend von der Verkaufsfläche ab, das heißt, große Einkaufsstraßen sind weitaus attraktiver als kleinere. Bei einer konstant bleibenden Kaufkraft hat sich mit der Errichtung von Einkaufszentren die Verkaufsfläche in den letzten zwanzig Jahren extrem gesteigert. In diesem Zusammenhang muß man die Frage stellen, ob es sinnvoll ist, sämtliche kleine Einkaufsstraßen von Wien zu fördern, und wie eine Folgenutzung kleinster Einkaufsstraßen aussehen könnte.
- Die **Atmosphäre** und das **Ambiente** können den Charakter jeder Einkaufsstraße prägen - den Ideen sind keine Grenzen gesetzt. Umgestaltungsmaßnahmen des Straßenraumes in Richtung breite Gehsteige, Minimierung des Durchzugsverkehrs, Schaffung von Grünraum und Alleen, architektonisches Styling des gesamten Straßenmobilars wie zum Beispiel auf der Mariahilfer Straße sind essentiell. Ein entsprechender Anteil an Lokalen mit unterschiedlichen Angeboten und vor allem mit Gastgärten sollen zum Verweilen im Straßenraum einladen. Witterungsgeschützte, überdachte Bereiche laden auch bei Schlechtwetter zum Flanieren ein. Sitzgelegenheiten, frauen-, generationen- und behindertengerechte Straßengestaltung insbesonders in Bezug auf Stufen und Beleuchtung sollen selbstverständlich sein. Besondere Qualität kann zum Beispiel durch einen kleinen Spielplatz im Nahbereich einer Einkaufsstraße erzielt werden. Märkte, eventuell mit einer Spezialisierung auf wenige Produkte, bieten ebenfalls besonderes Flair und erhöhen die PassantInnenfrequenz.

Weitere Faktoren der Attraktivierung

- Bei der Ansiedlung von neuen Betrieben muß darauf geachtet werden, daß **Frequenzbringer** (Textil- oder Elektroketten) mit einem ausreichenden Flächenangebot vorhanden sind.
- Einerseits kann die Vermarktungsstrategie einer Einkaufsstraße ein abwechslungsreicher Branchenmix sein, andererseits erfreuen sich international **Clusterbildungen** (Spezialisierungen auf eine bestimmte Branche) immer größerer Beliebtheit. Die Vielzahl von ähnlichen Geschäften an einer Stelle schafft nicht nur Konkurrenz, sondern es entstehen Synergieeffekte für jedes einzelne Geschäft durch die gesamte Größe dieses Clusters.

- Mittelgroße Geschäftsstraßen wie zum Beispiel die Thaliastraße sollen zu den Haupteinkaufszeiten am Freitag nachmittag und an Samstagen zu **Tempo 40 km/h Zonen** erklärt werden. Dies würde zwar in Summe keine große Reduzierung der Geschwindigkeit aller Kraftfahrzeuge bringen, die statistischen Ausreißer nach oben (Schnellfahrer) würden aber reduziert werden. Die Folgen wären eine starke Minderung der Lärmbelastung, ein leichteres Queren der Straße, die Verdrängung des Durchzugsverkehrs in die benachbarten hochrangigen Straßen.
- **Leerstehende Geschäftslokale** müssen, so keine neuen Pächter zu finden sind, nachgenutzt werden. Die Einrichtung von **Bürgerservice-Zentren** nach dem liberalen Modell würde sich zur Wiederbelebung und eventuell zur Heranbildung eines Bezirkszentrums besonders eignen. Eine soziale Nutzung durch öffentliche Einrichtungen aller Art wie zum Beispiel Kindergärten, Beratungsstellen der Stadt Wien, Vereinslokale usw. können anstatt eines tristen Aussehens wieder Leben in die Geschäftsstraßen bringen, mitunter auch außerhalb der Hauptgeschäftszeiten. Diverse **Freizeiteinrichtungen** stellen ebenfalls ein nicht zu venachlässigendes Belebungspotential dar.
- **Dezentrale kleine Bezirkseinkaufspassagen** mit einem großen Lebensmittelgeschäft und diversen kleineren Frequenznutzern wie Drogeriemärkte, Trafiken, Apotheken, kleinere Textil- und Schuhgeschäfte, Frisöre und Konditoreien sind eine neue Form von kleineren Bezirks-Einkaufszentren, die diverse Vorteile in sich vereinen: Sie sind dezentral und dienen somit zur Versorgung der lokalen Bevölkerung in unmittelbarer Umgebung der Zentren.

6.4.4 Einkaufszentren gezielt „fördern“

„Volksabstimmung“ belegt: Einkaufszentren sind beliebt

Die **Konsum- und Freizeitgesellschaft** ist eine nicht zu leugnende Realität unserer Zeit. Viele Menschen erleben ihre Freizeit am liebsten in Form des Einkaufs, und die Vergleichszahlen sprechen eine deutliche Sprache, wo die BürgerInnen diesem „Einkaufserlebnis“ am liebsten nachgehen.

Attraktive Einkaufszentren sind der Trend unserer Zeit und der Erfolg der bestehenden Projekte ist eine de facto „Volksabstimmung“ über deren Beliebtheit. Dies sollte eine Empfehlung für die Politik sein, die weitere Entwicklung gezielt zu fördern und zu lenken, aber nicht Einkaufs- und Freizeitzentren zu verbieten und dadurch den BürgerInnen vorzuschreiben, wie und wo sie ihr Einkaufserlebnis haben dürfen.

Aufgrund der neuen Einkaufszentren-Verordnung ist jedoch zu erwarten, daß in den nächsten Jahren kaum neue Einkaufszentrumsprojekte realisiert werden.

Diese Regelung verhindert einerseits einen funktionierenden freien Markt, da bestehende Einkaufszentren „konkurrenzlos“ bleiben - eine Tatsache die insbesondere der Stadt Wien schadet, ohne die geringste Chance, das Geschäftsstraßensterben verhindern zu können. Andererseits unterbindet sie jegliche „Phantasie“ in- und ausländischer Investoren und trägt dazu bei, daß der Wirtschaftsstandort Österreich und insbesondere der Wirtschaftsstandort Wien weiter an Boden sowohl gegenüber den EU-Staaten als auch gegenüber unseren östlichen Nachbarn verliert.

Der liberale „Einkaufszentren-Kriterienkatalog“

Zielsetzung Liberaler Wirtschaftpolitik ist die **Liberalisierung und Deregulierung** des Wirtschaftlebens. Nur die Marktwirtschaft, der freie Handel und das Leistungsprinzip bieten die notwendige Vorrausetzung für eine nachhaltige positive Entwicklung des Wirtschaftsstandorts Wien. Wettbewerb unter gleichberechtigten Partnern begünstigt flexible, bedürfnisgerechte und kostenbewußte Lösungen und sichert dadurch die besten Vorraussetzungen für Innovation und optimale Nutzung der Ressourcen. Der freie Wettbewerb darf daher durch staatliche Eingriffe nicht verzerrt werden.

Hemmnisse für den Marktzutritt, überholte Gebote, Verbote und Eingriffe sind zu beseitigen. Die Wirtschaftspolitik des Staates hat sich daher auf das Setzen von stabilen und langfristig wirksamen **Rahmenbedingungen** zu beschränken, die einerseits das Funktionieren der Marktwirtschaft gewährleisten, andererseits den ökologischen und sozialen Anforderungen gerecht werden.

Die derzeitige gesetzliche Regelung (Einkaufszentrenverordnung) in Bezug auf zukünftige Einkaufs- und Freizeitzentrenprojekte widerspricht einerseits zutiefst den Grundsätzen des freien Marktes und kann andererseits wenig dazu beitragen, daß **ökologischen und sozialen Anforderungen** entsprochen wird.

Um geplante Einkaufs- und Freizeitzentren beurteilen zu können, bedarf es klarer Rahmenbedingungen, die einerseits die soziale und ökologische Verträglichkeit der Projekte beurteilbar machen, andererseits aber den freien Markt nicht außer Kraft setzen.

Als erster Schritt soll die bestehende Einkaufszentrenverordnung außer Kraft gesetzt werden.

Als Ersatz soll zur Beurteilung zukünftiger Projekte der **„Liberale Einkaufszentren-Kriterienkatalog“** zur Anwendung kommen, der aufgrund der folgenden Kriterien nach einem Punktesystem Einkaufszentrenprojekte bewertet:

- **Gesamtplanung:** Eine umfassende Gesamtplanung vor der Errichtung dieser Großprojekte sollte sowohl das Risiko der Unternehmer und Investoren als auch jenes der öffentlichen Hand, die einen Großteil der Infrastrukturinvestionen trägt, minimieren. Diese Gesamtplanung soll sämtliche Großprojekte umfassen, unabhängig davon, ob sie an Geschäftsstraßen, neben Einkaufszentren oder Fachmarktzentren entstehen.

- **Erreichbarkeit**: Die Erreichbarkeit der Zentren und die Anzahl der Parkplätze sind essentiell, wobei bei größeren Einkaufszentrenprojekten insbesondere auf die Erschließung mit öffentlichen Verkehrsmitteln zu achten ist. Bei Kundenfrequenzen ab 20.000 Passanten pro Tag ist eine ausschließliche Erschließung mit dem Individualverkehr problematisch für die umliegenden hochrangigen Straßen. Die Anbindung der Einkaufszentren an U-Bahn- und S-Bahnstationen ist daher ein wichtiges Beurteilungskriterium für zukünftige Projekte.

- **Branchenmix/Clusterbildung:** Zukünftige Projekte sind auch aufgrund ihrer strategischen Positionierung zu bewerten. Projekte mit einem entsprechenden Branchenmix und einer sich daraus abzuleitenden attraktiven Auswahl oder Projekte, welche aufgrund ihrer Clusterbildung überzeugen, also ihrer Spezialisierung auf einen bestimmten Unternehmenszweig, haben absoluten Vorrang.

- **Architektur:** Die Atmosphäre und das Ambiente in den einzelnen Einkaufszentren ist recht unterschiedlich. Bei Neubauten ist die architektonische, städtebauliche und gestalterische Qualität des gesamten Zentrums wichtiges Beurteilungskriterium. Die Funktionalität der Zentren muß schon zum Zeitpunkt der Gesamtplanung ganz entscheidendes Kriterium sein.

- **Nachnutzungskonzepte/„Mißerfolgskaution“:** Beachtet werden muß, daß bei der Errichtung solcher Standorte enorme Mitteln seitens der öffentlichen Hand zur Verfügung gestellt werden und die öffentliche Hand nur dann die Projekte in Form von Infrastrukturinvestitionen fördern kann, wenn sie langfristig Steuereinnahmen erwarten kann. Nachdem Unternehmenserfolge nicht immer exakt voraussehbar sind, soll in Zukunft ein schlüssiges Nachnutzungskonzept verpflichtend vorzulegen sein. Sollte der Standort kein nachvollziehbares Nachnutzungskonzept ermöglichen, ist für den Fall eines Scheiterns des Projekts eine Pönalezahlung des Unternehmens zur teilweisen Abdeckung der Kosten für die öffentliche Hand vorzusehen.

! Was haben Sie davon?

Nicht das Gegeneinander von Geschäftsstraßen und Einkaufszentren, sondern nur ein echtes Nebeneinander dieser Einkaufsmöglichkeiten gibt den KonsumentInnen die Wahlfreiheit, ihre Einkäufe dort zu erledigen, wo sie es für richtig erachten. Die Vorschläge des Liberalen Forums ermöglichen es, einerseits die Nahversorgung zu sichern, andererseits aber auch Investitionen und Wachstum zu ermöglichen.

Anhand des liberalen „Einkaufszentren-Kriterienkatalogs“ mit dazugehörendem Punktesystem wird es möglich, Projekte zu bewerten und daher zu vergleichen. Er setzt Standards, welche es zu erfüllen gilt, und trägt daher dazu bei, ökologische, städtebauliche und soziale Kriterien zu erfüllen, ohne die Vorteile der Marktwirtschaft zu beeinträchtigen und kann daher ein wichtiger Baustein zur Attraktivierung des Wirtschaftsstandorts Wien sein. Eine Attraktivierung, die ein Mehr an Arbeitsplätzen, ein Mehr an Konsum und ein Mehr an Wohlstand für alle WienerInnen bedeutet.